El gran potencial

Shawn Achor

El gran potencial

Transformar la búsqueda del éxito aumenta
nuestros logros, felicidad y bienestar

EDICIONES OBELISCO

Si este libro le ha interesado y desea que le mantengamos informado de nuestras publicaciones,
escríbanos indicándonos qué temas son de su interés (Astrología, Autoayuda, Ciencias Ocultas,
Artes Marciales, Naturismo, Espiritualidad, Tradición…)
y gustosamente le complaceremos.

Puede consultar nuestro catálogo en www.edicionesobelisco.com

Colección Éxito
EL GRAN POTENCIAL
Shawn Achor

1.ª edición: febrero de 2026

Título original: *Big Potential: How Transforming the Pursuit of Success Raises
Our Achievement Happiness, and Well-Being*

Traducción: *Manuel Manzano*
Corrección: *Sara Moreno*
Diseño de cubierta: *Enrique Iborra*

Edita: Ediciones Obelisco, S. L.
Collita, 23-25. Pol. Ind. Molí de la Bastida
08191 Rubí - Barcelona - España
Tel. 93 309 85 25
E-mail: info@edicionesobelisco.com

ISBN: 978-84-1172-350-3
DL B 20832-2025

Printed in Spain

Impreso en España en los talleres gráficos de Romanyà/Valls S. A.
Verdaguer, 1 - 08786 Capellades (Barcelona)

Para Michelle y Leo, dos brillantes luces de alegría que me recuerdan a diario que el amor es la única manera de ver todo nuestro potencial.

PRIMERA PARTE

EL GRAN PROBLEMA DEL BAJO POTENCIAL

CAPÍTULO 1

EL PODER DE LAS CONEXIONES OCULTAS

La creación de mil bosques está en una bellota.
RALPH WALDO EMERSON

EL MILAGRO DEL MANGLE

Cuando el crepúsculo se cernía lentamente sobre un bosque de mangles que bordeaba un río en lo profundo de una selva del sudeste asiático, un biólogo, lejos de su hogar en el estado de Washington, contempló el exuberante y extraño paisaje que bordeaba las aguas infestadas de serpientes.

Mientras navegaba despacio en su bote, el profesor Hugh Smith seguramente escuchó los cantos de las criaturas nocturnas que salían de sus guaridas o alzaban el vuelo de sus nidos para comenzar sus cacerías nocturnas.

Puedo imaginar cómo brillaba el agua bajo la luz de las estrellas, lejos de la contaminación lumínica que existía en las ciudades remotas. Lo que sucedió después en ese húmedo día de 1935 forma parte de la historia académica registrada. Smith miró hacia uno de los mangles y, de repente, toda la copa brilló como si un rayo hubiera salido disparado del árbol en lugar de impactarlo. Entonces todo se oscureció, dejando una imagen quemada en su visión.

Luego, como suele ocurrir, un rayo cayó dos veces.

Todo el árbol volvió a brillar y luego se oscureció por completo dos veces en tres segundos.[1] Entonces, en un instante que alteró la realidad, todos los árboles a lo largo de la orilla brillaron repentinamente al unísono. Todos los árboles a un lado del río, a lo largo de trescientos metros, resplandecieron y se apagaron al mismo tiempo.

Una sensación de calidez nace en lo más profundo de mí ante el pensamiento de que un observador tan paciente, cuidadoso y científico, cuya curiosidad por el mundo lo llevó tan lejos de su vida normal en el noroeste del Pacífico, pudiera ser recompensado esa noche con un momento tan mágico de la naturaleza.

Una vez que recuperó su capacidad de razonamiento, se dio cuenta de que, en realidad, los árboles no brillaban, sino que estaban cubiertos por una cantidad enorme de luciérnagas bioluminiscentes, todas iluminando al mismo tiempo. Al regresar a casa, el doctor Smith escribió un artículo en una revista sobre su descubrimiento de las luciérnagas sincrónicas. Parecía demasiado bueno para ser verdad, como algo sacado de un cuento. Lamentablemente, no me sorprende la siguiente parte de la historia. No le creyeron. Los biólogos ridiculizaron su relato, incluso dijeron que se lo había inventado. ¿Por qué las luciérnagas macho brillarían al unísono, lo que sólo reduciría sus posibilidades de distinguirse ante posibles parejas? Los matemáticos eran igualmente escépticos. ¿Cómo puede el orden surgir del caos en la naturaleza sin un líder que lo dirija? Y los entomólogos se preguntaron cómo millones de luciérnagas podían ver a suficientes otras luciérnagas para crear exactamente el mismo patrón, dada la visibilidad limitada en el bosque de mangles. Parecía física, matemática y biológicamente imposible.

Sin embargo, no era así. Y ahora, gracias a la ciencia moderna, sabemos cómo y por qué. Resulta que este comportamiento enigmático cumple un propósito evolutivo para las luciérnagas. Según lo publicado en la prestigiosa revista *Science,* los investigadores Moiseff y Copeland descubrieron que cuando las luciérnagas se encienden en momentos aleatorios, la probabilidad de que una hembra responda a un macho

---

1. www.nytimes.com/1991/08/13/science/a-mystery-of-nature-mangroves-full-of-fireflies-blinking-in-unison.html

en las profundidades y oscuridad de un manglar es del 3 %. Pero cuando las luciérnagas se encienden juntas, la probabilidad de que las hembras respondan es del 82 %.[2] No es una errata. La tasa de éxito aumentó en un 79 % al mostrarse como una comunidad interconectada en lugar de como individuos.

La sociedad enseña que es mejor ser la única luz brillante que estar en un bosque de luces resplandecientes. Al fin y al cabo, ¿no es así como concebimos el éxito en nuestras escuelas y empresas? Queremos graduarnos entre los mejores de la clase, conseguir trabajo en la mejor empresa y ser elegidos para trabajar en el proyecto más codiciado. Queremos que nuestro hijo sea el más inteligente de la escuela, el más popular del barrio, el más rápido del equipo. Cuando cualquier recurso —ya sea la admisión en la universidad más prestigiosa, una entrevista con una empresa de primer nivel o un puesto en el mejor equipo deportivo— es limitado, nos enseñan que debemos competir para diferenciarnos del resto.

Y, sin embargo, mi investigación muestra que esto en realidad no es así. Los investigadores de las luciérnagas descubrieron que cuando las hormigas eran capaces de sincronizar sus pulsos entre sí con una precisión asombrosa (¡hasta el milisegundo!), esto les permitía distribuirse perfectamente, eliminando así la necesidad de competir.

De la misma manera, cuando ayudamos a otros a mejorar, podemos aumentar realmente las oportunidades disponibles, en lugar de competir por ellas. Al igual que las luciérnagas, una vez que aprendemos a coordinarnos y a colaborar con quienes nos rodean, todos comenzamos a brillar más, tanto de manera individual como en conjunto en el ecosistema. Pero detengámonos a pensar un momento. ¿Cómo lo lograron las luciérnagas? ¿Cómo coordinaron sus destellos con tanta perfección, especialmente considerando su tipo de visión y la limitada visibilidad de la zona? Los investigadores Mirollo y Strogatz, del Boston College y el MIT, descubrieron en el *Journal of Applied Mathematics* que, sorprendentemente, las luciérnagas no necesitan ver a todos sus congéneres para crear una acción coordinada; siempre que ningún grupo de

2. Moiseff, A., y Copeland, J.: «Firefly synchrony: a behavioral strategy to reduce visual clutter». *Science* 329, 181, 9 de julio de 2010. doi:10.1126/science.1190421.

luciérnagas esté completamente fuera de la vista de otro, pueden sincronizarse con los ritmos de las demás.[3] En otras palabras, sólo se necesitan unos pocos nodos para transformar todo el sistema.[4]

Nuestra nueva comprensión de los «sistemas positivos» nos enseña que esto mismo se aplica a los humanos. Como descubrirás en este libro, al convertirte en un «nodo positivo» en tu lugar de trabajo, empresa o comunidad, y ayudar a quienes te rodean a mejorar su creatividad, productividad, habilidades, rendimiento y más, no sólo ayudas al grupo a mejorar, sino que también incrementas de manera exponencial tu propio potencial de éxito.

Hay un último detalle importante en esta intrigante historia. Los biólogos que han explorado estas selvas ahora saben que el resplandor que emana de esos mangles se puede ver a kilómetros de distancia. Esto significa que es aún más fácil para *otras* luciérnagas encontrar el camino hacia la luz. Así que, cuanto más brillan, más se unen las nuevas luciérnagas y aportan su luz. Esto es cierto tanto para las luciérnagas como para los humanos: cuanto más ayudes al otro a encontrar su luz, más brillaréis ambos.

EL PODER DE LOS DEMÁS

Cuando George Lucas escribió el guion original de la franquicia multimillonaria de *Star Wars*, la frase más icónica de la historia del cine, «Que la fuerza te acompañe», no figuraba. En cambio, las primeras versiones decían: «Que *la fuerza de otros* te acompañe». ¿Qué tiene que ver este arcano fragmento de la historia del cine con la ciencia del potencial? Como escribió el autor de libros infantiles Roald Dahl: «Los mayores secretos siempre se esconden en los lugares más insospechados». Y creo que en esta diminuta frase se esconde tanto el problema que subyace a nuestra fallida búsqueda del potencial como sociedad

---

3. www.nytimes.com/1991/08/13/science/a-mystery-of-naturemangroves-full-of-fireflies-blinking-in-unison.html
4. www.reed.edu/biology/professors/srenn/pages/teaching/web_2008/mhlo_site/index.html

como el secreto para aumentar de un modo exponencial nuestro éxito, bienestar y felicidad.

Nuestra sociedad se ha centrado excesivamente en el «poder de uno solo» en lugar de en «el poder de uno fortalecido por otros». Claro que Hollywood glorifica a las superestrellas individuales; ¿dónde más están las calles literalmente pavimentadas con sus nombres? Pero cuando adoptamos este guion en nuestras empresas y escuelas, y nos centramos sólo en los logros individuales y eliminamos a «los demás» de la ecuación, nuestro verdadero poder permanece oculto. Pero lo oculto puede revelarse.

Hace tres años, mientras investigaba las conexiones ocultas que subyacen al éxito y al potencial humano, experimenté un gran avance: me convertí en padre.

Cuando mi hijo Leo llegó al mundo, estaba literalmente indefenso. Ni siquiera podía darse la vuelta solo. Pero, a medida que crecía, se volvió más capaz. Y con cada nueva habilidad que adquiría, como haría cualquier buen investigador de psicología positiva, lo elogiaba, le decía: «¡Leo, lo has hecho todo tú solo! Estoy orgulloso de ti». Y después de un tiempo, Leo empezó a repetirme lo mismo con voz suave pero orgullosa: «Yo solo».

Fue entonces cuando me di cuenta: primero de niños, luego de adultos en el ámbito laboral, estamos condicionados a valorar de forma desproporcionada las cosas que logramos por nuestra cuenta. Como padre, si dejara de elogiarlo y guiarlo, mi hijo podría llegar a ver el logro independiente como la prueba definitiva de nuestro temple. Pero en realidad no lo es. Hay un nivel completamente distinto.

El ciclo comienza desde una edad temprana. En la escuela, enseñamos a nuestros hijos a estudiar diligentemente y de forma individual para que puedan superar a los demás en los exámenes. Si buscan ayuda de otros compañeros para realizar proyectos, se les reprende por hacer trampa. Les asignan varias horas de tareas a realizar por las tardes fuera del horario escolar, lo que los obliga a intercambiar tiempo con otras personas por más tiempo de trabajo en aislamiento. Una y otra vez se les recuerda que su éxito futuro en el lugar de trabajo depende de métricas individuales, incluidas sus calificaciones y puntuaciones en exámenes estandarizados. Estadísticamente, esto no es así, pero este enfoque del aprendizaje sí logra una cosa: eleva considerablemente sus niveles de estrés mientras los priva de conexión social, sueño, atención plena, felicidad y salud.

Sin embargo, en lugar de cuestionar el sistema, juzgamos a quienes no pueden mantener el ritmo de esta vorágine competitiva orientada al logro individual. Para cuando los estudiantes terminan la escuela, están agotados, frágiles y solitarios, sólo para descubrir que el éxito y la felicidad que les prometieron no estaban realmente al final de ese arcoíris.

De repente, esas mismas personas que obtuvieron tan buenos resultados individualmente tienen dificultades cuando necesitan colaborar para lanzar un producto al mercado o lograr que su equipo alcance un objetivo. Mientras tanto, quienes llegan a la cima no son quienes intentan hacerlo todo solos, sino quienes pueden pedir ayuda y animar a otros a crecer. Los padres que promueven un enfoque equilibrado y conectado para alcanzar el éxito de sus hijos se ven recompensados por su persistencia, mientras que los padres que priorizan el logro individual a costa de la conexión se encuentran desprevenidos para el agotamiento o la soledad de sus hijos.

Pasamos los primeros veintidós años de nuestra vida siendo juzgados y elogiados por nuestros atributos individuales y por lo que podemos lograr solos, cuando, durante el resto de nuestra vida, nuestro éxito está casi enteramente interconectado con el de los demás.

Durante la última década, he trabajado con casi la mitad de las empresas de la lista Fortune 100 y he viajado a más de cincuenta países para aprender cómo las personas de todo el mundo abordan los conceptos de éxito, felicidad y potencial humano. Algo que he descubierto que ocurre en casi todas partes es que la gran mayoría de las empresas, escuelas y organizaciones miden y recompensan el «alto rendimiento» en términos de métricas individuales como las cifras de ventas, los elogios del currículum y las calificaciones de las pruebas. El problema con este enfoque es que se basa en una creencia que la ciencia había confirmado plenamente: que vivimos en un mundo de «supervivencia del más apto». Nos enseña que el éxito es un juego de suma cero; que aquéllos con las mejores calificaciones, o el currículum más impresionante, o la puntuación más alta, serán los únicos que prosperarán. La fórmula es simple: sé mejor, más inteligente y más creativo que todos los demás y tendrás éxito.

Pero esa fórmula es inexacta.

Gracias a la innovadora investigación que leerás en este libro, ahora sabemos que alcanzar nuestro máximo potencial no consiste en la supervivencia del más apto, sino en la supervivencia del que mejor encaja. En otras palabras, tener éxito no se trata sólo de tu creatividad, inteligencia o determinación, sino de tu capacidad para conectar, contribuir y beneficiarte del ecosistema de las personas que te rodea. No se trata sólo de la alta calificación de tu universidad o lugar de trabajo, sino de tu integración en él. No se trata sólo de la puntuación que obtengas, sino de cómo complementes las habilidades del equipo.

A menudo pensamos que si trabajamos más duro, más rápido y con más inteligencia, alcanzaremos nuestro máximo potencial. Pero, desde la perspectiva científica, en el mundo moderno, el mayor impedimento para el éxito y la realización de nuestro potencial no es la falta de productividad, trabajo duro o inteligencia, es la manera en que lo perseguimos. La búsqueda del potencial no debe ser un camino solitario. La conclusión de una década de investigación es clara: no es más rápido hacerlo solo, es mejor hacerlo juntos.

Al aferrarnos a la vieja fórmula del éxito, dejamos sin explotar un enorme potencial. Lo vi de primera mano durante mis doce años en Harvard, al observar a estudiantes estrellarse contra los bancos de arena de la hipercompetencia y luego quedar varados en las orillas de la inseguridad y el estrés. Al darse cuenta de que ya no eran las únicas superestrellas, muchos fueron presas del pánico. Se esforzaron más, se aislaron para ir más rápido, intentaron ser la luz más brillante. El resultado fue la oscuridad. Un asombroso 80 % de los estudiantes de Harvard afirman haber sufrido depresión en algún momento de su vida universitaria.

Ahora que he realizado este trabajo en todo el mundo, sé que no es un problema exclusivo de los estudiantes de las universidades más prestigiosas. En 1978, la edad promedio para ser diagnosticado de depresión era de veintinueve años. En 2009, la edad *promedio* era de catorce años y medio.[5] Durante la última década, las tasas de depresión en

---

5. http://mentalhealthtreatment.net/depression/signs-symptoms/

adultos se han duplicado, al igual que las hospitalizaciones por intento de suicidio en niños de tan sólo ocho años.[6] ¿Qué pudo haber cambiado tanto como para explicar esto? Y, más importante aún, ¿qué podemos hacer para solucionarlo? Nuestro énfasis en el logro individual se ha disparado, impulsado sobre todo por dos cambios significativos. Primero, el auge de la tecnología y las redes sociales nos permite difundir los logros individuales las 24 horas del día, los 7 días de la semana, lo que alimenta de manera constante la competencia y, al mismo tiempo, la inseguridad. Segundo, la enorme presión y competencia en nuestras escuelas y empresas por alcanzar métricas de éxito individual más altas provoca jornadas más largas, menos sueño y más estrés. Por suerte, ha empezado a surgir una mejor manera de abordar la situación.

Este nuevo y emocionante camino se inspiró en mi trabajo inicial sobre la felicidad. En *La felicidad como ventaja,* escribí cómo puedes aumentar significativamente tu propia felicidad haciendo cosas como ejercicios de gratitud, practicar el optimismo y meditar. Pero en algún momento, si haces que esas cosas sólo se dirijan a tu felicidad, alcanzas un límite invisible donde la felicidad no puede mantenerse ni crecer. La única manera de superar ese techo es utilizar tu propia felicidad como combustible para hacer más felices a los demás. Al final, me di cuenta de que si bien la felicidad es una elección, no es sólo una elección individual, está interconectada. Esto se debe a que cuando eliges actuar con gratitud o alegría, facilitas la gratitud y la alegría de los demás, quienes a su vez te dan más razones para estar agradecido y alegre.

Gracias a este descubrimiento, profundicé en la nueva investigación y se hizo evidente: la felicidad era sólo la punta del iceberg. Ahora, gracias a la llegada del *big data,* finalmente pude ver las conexiones que antes habían permanecido ocultas. Antes, sólo podíamos hacer preguntas como «¿Cómo eres de inteligente eres?» o «¿Cómo de creativo eres?» o «¿Cuánto trabajas?». Pero ahora, podemos hacer preguntas más importantes: «¿Cómo de inteligentes haces a los que te rodean?», «¿Cuánta creatividad inspiras?», «¿En qué medida tu impulso se vuelve contagioso para un equipo o una familia?», «¿Cómo de resilientes haces a los demás?». Y cuando lo hacemos, vemos que nuestros

---

6. www.aappublications.org/news/2017/05/04/PASSuicide050417

mayores éxitos no existen de manera aislada. A medida que la investigación comienza a surgir, parece que aprendemos que casi todos los atributos de tu potencial –desde la inteligencia hasta la creatividad, el liderazgo, la personalidad y el compromiso– están interconectados con los demás. Por lo tanto, para prosperar física, emocional y espiritualmente, necesitamos cambiar nuestra búsqueda de potencial de la misma manera que necesitamos cambiar nuestra búsqueda de felicidad: necesitamos dejar de intentar ser más rápidos solos y comenzar a trabajar para volvernos más fuertes juntos.

Al crear entornos hipercompetitivos en los que sólo se celebran los logros individuales, las empresas y las escuelas desaprovechan enormes cantidades de talento, productividad y creatividad. Al sobrevalorar al individuo y eliminar a los demás de la ecuación, se establece un «techo blando» sobre nuestro potencial, un límite artificial sobre lo que podemos lograr. Pero la buena noticia es que llamo a esto techo «blando» por una razón: porque puede eliminarse. Porque cuando trabajamos para ayudar a otros a alcanzar el éxito, no sólo elevamos el desempeño del grupo, sino que aumentamos nuestro propio potencial de forma exponencial.

Esto es lo que describo más adelante en este libro como un «círculo virtuoso»: un bucle de retroalimentación positiva mediante el cual hacer mejores a las personas conduce a más recursos, energía y experiencias que te hacen mejor a ti también, impulsando de nuevo el ciclo. Así, hacer mejores a los demás eleva tu éxito al siguier.te nivel. Por tanto:

EL PEQUEÑO POTENCIAL es el éxito limitado que puedes lograr solo.
EL GRAN POTENCIAL es el éxito que sólo puedes lograr en un círculo virtuoso con los demás.

En este libro, describo ocho proyectos de investigación originales que he llevado a cabo en colaboración con otros, así como investigaciones de vanguardia de académicos que unen la neurociencia, la psicología y el análisis de redes para dar forma al nuevo campo de la investigación de sistemas positivos. Pero sé que no has llegado a este libro buscando simplemente una revisión de investigaciones; existen mejores libros para eso. En cambio, buscas ideas que puedas empezar a implementar hoy mismo. Por eso, he dedicado los últimos tres años a desarrollar un enfoque práctico para el Gran Potencial basado en esta ciencia y en mi trabajo en la NASA, la NFL, la Casa Blanca y otros lugares, así como en mis conversaciones con personas de gran éxito, como Will Smith, Oprah Winfrey y Michael Strahan, que viven los principios del Gran Potencial.

Este camino consta de cinco etapas, lo que llamo las SEMILLAS del Gran Potencial:

— RODÉATE de un sistema estelar de influenciadores positivos.

— EXPANDE tu poder ayudando a otros a liderar desde cualquier posición.

— POTENCIA tus recursos convirtiéndote en un prisma de elogio.

— DEFIENDE el sistema de ataques negativos.

— MANTÉN los logros impulsando el círculo virtuoso.

Las semillas son la metáfora perfecta de esta investigación, porque una semilla no puede crecer sola, sin la ayuda del Sol, la tierra y el agua. De la misma manera, puedes desarrollar tu potencial, pero no puedes hacerlo solo. El mayor crecimiento se logra cuando aprovechas el potencial de quienes te rodean.

Ya no podemos conformarnos con competir por las migajas del Pequeño Potencial; debemos buscar nuevas fronteras del potencial humano e invitar a otros a seguirnos. Un mundo desafiante exige que volvamos a incluir «la fuerza de *los demás*» en nuestra fórmula. Y todo comienza encontrando las conexiones ocultas entre luciérnagas intermitentes, la desnudez en Harvard, las gallinas desplumadas y un baile incómodo con Oprah.

CAPÍTULO 2

LEVANTAR EL TECHO INVISIBLE DEL POTENCIAL

LA DESNUDEZ EN HARVARD

Una noche nevada de enero, durante mi primer año en Harvard, estuve hasta tarde estudiando para los exámenes. Era el final de las dos agotadoras semanas llamadas «período de lectura», durante las cuales no hay clases, aparentemente para que los estudiantes tengan tiempo de «leer» para prepararse. Pero en realidad, ese período es cuando los profesores, además de toda la preparación, les encomiendan a los estudiantes sus trabajos y proyectos más pesados. El estrés es palpable en las bibliotecas y en el comedor mientras los estudiantes se preparan para luchar por demostrar su potencial individual.

Unos minutos antes de la medianoche, con los ojos vidriosos tras seis horas seguidas leyendo libros de texto, miré por la ventana y me encontré con una imagen extraña. Cientos de estudiantes se habían reunido repentinamente frente a mi dormitorio. Entonces hicieron algo aún más extraño: empezaron a quitarse la ropa. En mi confusión mental por el estudio, me pregunté si aquello estaba sucediendo realmente o si las presiones de Harvard me habían pulverizado el cerebro. Entonces empezaron a gritar.

Hace un momento hablábamos de las luciérnagas de los mangles, que atraen a sus parejas lanzando destellos sincronizados de su luz hacia el oscuro cielo nocturno. Bueno, estaba a punto de experimentar un destello colectivo bastante diferente.

Cada año, a medianoche, antes del inicio de los exámenes, los estudiantes de Harvard participan en lo que se conoce como el «Grito Primordial», una venerable tradición que algunos atribuyen a nuestros antepasados, claramente no tan puritanos. Mientras el Padre Fundador, John Adams, dejaba huella en la historia al firmar la Declaración de Independencia, su hijo Charles se ganaba una distinción al ser descubierto corriendo desnudo con sus amigos en el recinto de Harvard.[7] Fueron expulsados de la universidad, y posteriormente readmitidos (claramente, si tu padre es un Padre Fundador, obtienes al menos un permiso para librarte de la cárcel), y su fría tradición continúa hasta el día de hoy. Más de trescientos años después, los estudiantes más valientes o más ebrios se reúnen frente al Mower Hall, donde proceden a desnudarse. Entonces, los estudiantes medio congelados y completamente desnudos comienzan a trotar en un grupo apretado por el suelo helado del antiguo recinto de Harvard, acurrucándose para calentarse mientras cientos de curiosos salen en tropel de sus dormitorios. Y por unos breves momentos, la ansiedad de no alcanzar el propio potencial en los exámenes es sustituida por el miedo (muy real) a una posible congelación, sin mencionar la posible vergüenza frente a los compañeros.

Éste fue mi primer contacto con el Grito Primordial. Ahora bien, hago una pausa para quien no me conoce, para exponer dos datos importantes. Primero, antes de llegar a Harvard, viví la mayor parte de mi vida en Waco, Texas, donde no sólo se fomentaba mucho el uso de la ropa, sino que correr en la nieve habría sido inaudito, porque no hay nieve. Segundo, soy tímido. Nunca había ido a una discoteca, nunca me había acercado a una chica en un bar, ni me había bañado desnudo. Y, sin embargo, mientras observaba el espectáculo esa noche desde la ventana de mi dormitorio en el primer piso, me preocupaba estar perdiéndome la oportunidad de la universidad. Allí estaba, enclaustrado en un dormitorio, leyendo sobre la vida en la Roma bajo Augusto, mientras mis compañeros disfrutaban de la vida al máximo. Así que decidí unirme.

---

7. Kester, E., *That Book About Harvard: Surviving the World's Most Famous University, One Embarrassment at a Time*, Sourcebooks, Naperville, 2012.

Mi mente, aturdida por la fatiga, decidió que la mejor estrategia sería desvestirme en mi habitación, esperar a que el resto del grupo pasara camino al recinto y luego colarme sigilosamente entre sus filas al amparo de la oscuridad. Cuando la puerta se cerró de golpe tras de mí, me di cuenta de inmediato de mi primer error. Siendo de Texas, No se me había ocurrido que los zapatos son cruciales para correr, desnudo o no, en la nieve. Entonces me di cuenta de mi segundo error: había dejado mi identificación, necesaria para volver a entrar al edificio, en el bolsillo de mis pantalones, que por supuesto había dejado tirados en el suelo de mi dormitorio. Fue entonces cuando me di cuenta de mi tercer, y quizá mayor, error. Estaba solo. No había manera de que pudiera colarme entre la multitud sin llamar la atención. Después de todo, si la estás mostrando a la gente en un grupo, la tuya es sólo una cara en la multitud. Si intentas mostrarte desnudo en solitario como Will Ferrell en *Aquellas juergas universitarias,* todos saben que eres tú.

Mientras estaba allí, en pleno invierno, pensando en qué extremidad me gustaría menos perder, una compañera, igual de tímida y apegada a la biblioteca, salió con un montón de libros. Chilló, y entonces ambos recurrimos a una estrategia milenaria: si fingimos no ver algo, podemos convencernos de que nunca ocurrió. Con la cara roja y los pies azules, me colé por la puerta, entré en mi habitación y me vestí de nuevo lo más rápido posible. Durante el resto de los cuatro años que estuve allí, nunca mencionó mi intento fallido de una tradición tricentenaria: mi carrera desnudo terminó a medio metro de mi puerta. Y, desde luego, no mencioné que fue la única chica que me vio desnudo durante mis años de estudiante en Harvard.

Ahora bien, este libro tiene está recomendado para mayores de 13 años por el contenido de desnudos, lenguaje científico y ocasionales situaciones adultas. Pero cuento esta historia no por sus detalles lascivos, sino porque demuestra de forma poderosa una verdad fría y dura: hay ciertas cosas en este mundo que requieren el apoyo de otras personas y que nunca deben intentarse solo. Perseguir el potencial en solitario es un poco como ser ese estudiante de primer año descalzo que nunca llegó a correr desnudo por el recinto de Harvard; hace frío, es solitario y no es probable que llegues muy lejos. Correr en grupo, sin embargo, se parece más a lo que ocurre cuando aprovechas el poder del Gran

Potencial: puedes llegar mucho más lejos, incluso en condiciones extremas, que por tu cuenta.

Reid Hoffman, cofundador y presidente de LinkedIn, lo resume bien: «No importa lo brillante que sea tu mente o estrategia, si juegas solo, siempre perderás contra un equipo». Steve Jobs, el difunto fundador y director ejecutivo de una de las empresas más competitivas y poderosas jamás construidas, dijo: «Las grandes cosas en los negocios nunca las hace una sola persona. Las hace un equipo». Los Navy SEALs, durante el entrenamiento, a veces se cogen de los brazos al hacer flexiones para promover la superación del estrés «juntos», en lugar de aislados. Y los SEALs tienen un gran dicho: «Los individuos participan en el juego, pero los equipos superan las probabilidades».

El ritual del Grito Primario en Harvard demuestra que, en momentos de estrés, necesitamos más que nunca el apoyo de los demás. Esta conclusión fue corroborada por un estudio publicado en *Nature* que, basándose en el análisis de ochenta mil interacciones entre estudiantes universitarios, reveló que quienes mejor logran sus objetivos son aquellos que establecen más conexiones sociales y comparten información de más maneras.[8] En una increíble investigación publicada en *Journal of Experimental Social Psychology*, los investigadores descubrieron que si miras una colina y juzgas su inclinación, la mera presencia de apoyo social a tu alrededor transforma tu percepción. De hecho, si miras una colina junto a alguien a quien consideras amigo, la colina parece entre un 10 y un 20 % menos inclinada que si la miraras solo.[9] Es un hallazgo sorprendente. La percepción de tu mundo objetivo y físico se transforma al incluir a otros en tu búsqueda del logro. ¡Este resultado se mantiene incluso si el amigo está a un metro de distancia, mirando en dirección contraria y en silencio! Esto tiene sentido evolutivo. Otras personas brindan recursos y apoyo. Así, mental y físicamente, las montañas parecen más escalables, los éxitos más alcanzables y los obstáculos más superables con otros a nuestro lado.

---

8. www.nature.com/articles/srep01174
9. Schnall, S., Harber, K. D., Stefanucci, J. K. y Proffitt, D. R., «Social support and the perception of geographical slant», *Journal of Experimental Social Psychology* 44 (5), 1246-1255, 2008, doi:10.1016 /j.jesp.2008.04.011.

Entonces, ¿por qué las personas, en medio del estrés laboral, se refugian en sus oficinas y se aíslan de sus compañeros para poder trabajar? ¿Por qué los estudiantes universitarios responden a la presión y el estrés aislándose de sus amigos, guareciéndose en un rincón apartado de la biblioteca o consumiendo cantidades copiosas de cafeína, Adderall y antidepresivos? Cuando leí los expedientes de admisión de cientos de estudiantes como supervisor de primer año en Harvard, la cantidad de estudiantes que solicitaban una habitación individual en la residencia universitaria en lugar de una con compañeros era asombrosa. Esto no se debía a que las habitaciones individuales fueran más grandes o más bonitas, sino a que creían erróneamente que la presencia de personas a su alrededor los distraería o debilitaría su competitividad. Pero al hacerlo, estos estudiantes se perdían lo único que realmente predice el éxito y el bienestar a largo plazo: los demás. Por eso Harvard necesitaba con tanta urgencia una clase llamada «Psicología 1504».

UN DESCUBRIMIENTO CRUCIAL

El doctor Tal Ben-Shahar se adelantó a la competencia. Empezó a impartir clases de Psicología Positiva en Harvard antes de que nadie supiera siquiera que existía. Poco después de mi fallido experimento de la carrera desnudo, uno de los profesores más reflexivos y auténticos de Harvard impartía un seminario experimental. Al año siguiente, Tal me invitó a unirme a él como profesor principal de Psicología 1504, que abriría la psicología positiva a toda la universidad. El primer día apareció una verdadera multitud, a pesar de que Harvard nos había cedido la sala más grande del campus. Durante los dos años siguientes, uno de cada cinco estudiantes de Harvard terminó asistiendo al curso; parecía que los estudiantes de Harvard estaban especialmente interesados en aprender a mejorar el bienestar emocional en un entorno hipercompetitivo.

Durante ese tiempo, diseñé y dirigí uno de los estudios más extensos sobre el potencial humano que se han realizado en Harvard. Mil seiscientos estudiantes de Harvard completaron una batería de herramientas psicométricas validadas y otras preguntas que tardaron casi una hora en completar. Mi objetivo era determinar la matriz de atributos individuales que prediciría quién sería más feliz y exitoso en Harvard. En otras palabras, ¿podría predecir al estudiante perfecto de Harvard? El conjunto de datos era tan grande que mi portátil, pequeño y económico, se bloqueaba constantemente. Tenía información sobre todo, desde los ingresos familiares de los estudiantes, la media de su nota en el instituto y la de la prueba de ingreso a la universidad, y la cantidad de horas que dormían, hasta a cuántas clases asistían, en cuántos clubes participaban y muchas más cosas.

Pero al comenzar mi análisis, pronto vi un problema. ¡Los atributos individuales de estos estudiantes prácticamente no tenían correlación con su rendimiento y éxito! Estadísticamente, los estudiantes con calificaciones perfectas en la prueba de acceso también podían aprobar por los pelos. Los estudiantes con pocos recursos eran igual de felices y obtenían las mismas calificaciones que sus compañeros ricos. El número de amigos en Facebook no predecía nada, ni siquiera la extroversión. Justo cuando me frustraba cada vez más haberme dedicado a todo el estudio sólo para no encontrar prácticamente ninguna correlación significativa, por fin me topé con una gran excepción: la conexión social.

Al utilizar la escala validada más famosa que mide lo interconectado y socialmente apoyado que se siente un individuo en su vida, descubrí que la conexión social era, sin lugar a dudas, el mayor predictor de prosperar tanto personal como académicamente en Harvard. Era el predictor más fuerte de bienestar emocional y optimismo, el mayor amortiguador contra la depresión, y también predecía cuánto estrés uno sentía ante los exámenes y la competencia académica. Y resulta que, una vez que alguien deja la universidad, se convierte en uno de los mayores predictores del rendimiento a largo plazo en sus carreras. La evidencia parecía sugerir una conclusión descabellada: el éxito en Harvard tenía menos que ver con los atributos individuales de un estudiante y más con cómo encajaba en la cultura y con sus compañeros. O, dicho de otra manera, el potencial para tener éxito en Harvard tenía menos que ver con «la supervivencia del más apto» y más con «la supervivencia del que mejor encaja».

Aunque pudiera parecer que quienes triunfarían serían las superestrellas que más brillaban, en realidad, los destellos de brillantez provenían de quienes habían encontrado su lugar en una constelación de estrellas. Y, como pronto descubriría, este concepto es igualmente cierto mucho más allá de Harvard, con importantes implicaciones en nuestra forma de pensar sobre el potencial dentro de nuestras empresas, nuestros equipos, nuestras vidas y nuestras carreras profesionales.

REELABORAR NUESTRA DEFINICIÓN DE POTENCIAL

Un año antes de escribir este libro, me invitaron a dar una ponencia en una conferencia de Google llamada re:Work. Esta conferencia estaba diseñada para difundir buenas ideas para el cambio organizacional. La noche anterior a mi charla, asistí a una cena en un restaurante vegano con poca luz y paredes de cedro (justo lo que esperaba de California y de Google), donde me senté junto a un hombre sonriente a quien no reconocí, pero que me hizo preguntas muy interesantes sobre mi investigación. No fue hasta la mañana siguiente, cuando ese hombre subió al escenario, cuando supe que no sólo era el líder de la conferencia, sino también uno de los líderes empresariales más respetados del mundo.

Laszlo Bock dirigió el mundialmente famoso departamento de Operaciones de Personal de Google. Posee una combinación de liderazgo amable y brillantez enfocada que sin duda contribuyó a su éxito y convirtió a Google en la empresa número uno para trabajar año tras año, y le valió la distinción de «Profesional de RR. HH. de la Década». Como describe en su famoso libro *Work Rules!,* la clave de la asombrosa capacidad de la empresa para contratar constantemente a los empleados más creativos y con mayor potencial reside, quizá como era de esperar, en la práctica de Google de recopilar enormes cantidades de datos sobre prácticamente todo.

«*Big data*» es el término utilizado para los conjuntos masivos de datos digitales generados cada vez que visitamos un sitio web, usamos las redes sociales, hacemos una compra en línea, etc. Este concepto ha recibido mucha atención en los últimos años, ya que los sofisticados algoritmos que ahora podemos utilizar para extraer esos datos en busca de tendencias y patrones nos han permitido alcanzar conocimientos poderosos sobre el comportamiento humano. El *big data* está cambiando todo, desde cómo las empresas hacen negocios y cómo los gobiernos entienden las tendencias demográficas hasta cómo los médicos y los trabajadores de la salud pública detectan enfermedades. Pero lo que es menos conocido es que el *big data* también es una de las mejores herramientas que tenemos a nuestra disposición para ayudarnos a comprender el Gran Potencial. Ahora que tenemos tantos datos a nuestro alcance, no estamos limitados a medir simplemente atributos individuales como la inteligencia, la creatividad o la felicidad. Ahora podemos evaluar nuestro impacto en la inteligencia, la creatividad y la felicidad de los demás.

Así que, unos meses después, cuando el equipo de Oprah me pidió que encontrara a sus cinco líderes para entrevistarlos en nuestro curso sobre la felicidad, aproveché la oportunidad de llamar a Laszlo con la esperanza de aprender cómo una de las empresas con más éxito del mundo predice la grandeza y el potencial. En otras palabras, quería saber más sobre el Proyecto Aristóteles.

Para descifrar el verdadero potencial, los científicos de datos del mundialmente famoso equipo de People Analytics de Google lanzaron una iniciativa de *big data* con el nombre en clave, no tan secreto, de «Proyecto Aristóteles». Su misión inicial era crear el equipo perfecto. A primera vista, la tarea podría parecer sencilla. Si vas a formar un equipo de ensueño, simplemente llénalo con las personas de mayor rendimiento, ¿verdad? Así que la siguiente pregunta es: ¿qué cualidades específicas buscarías? ¿Un alto coeficiente intelectual? ¿Dominio de varios idiomas? ¿La capacidad de resolver ecuaciones cuadráticas rápida y mentalmente? En esencia, eso era lo que el Proyecto Aristóteles buscaba descubrir utilizando la mayor tecnología de algoritmos de la historia. Mediante el análisis de cantidades increíbles de datos —incluyendo decenas de miles de respuestas de 180 equipos— sobre todo, desde la introversión hasta las habilidades, la inteligencia, la personalidad y los antecedentes, el Proyecto Aristóteles buscó crear el perfil que definiría al profesional ideal en el ámbito laboral. La conclusión fue sorprendente y desafió todo lo que crees saber sobre el potencial.

Descubrieron que no existe un perfil de «ejecutivo perfecto». El Proyecto Aristóteles llegó más o menos a la misma conclusión que mi estudio en Harvard: cuando se trata de potencial, los rasgos y aptitudes individuales son malos predictores del éxito en un equipo. Uno de los líderes de la prestigiosa división People Analytics de Google, Abeer Dubey, lo expresó de manera sucinta: «En Google, somos buenos para encontrar patrones. *No había patrones fuertes aquí. La parte "quién" de la ecuación no parecía importar».*[10] ¡Guau! Considéralo por un momento. La compañía que se ha convertido en la mejor en la búsqueda de patrones en toda la historia de la humanidad no pudo encontrar un patrón en el que las habilidades individuales, perfeccionadas de manera aislada, predijeran el éxito de un individuo en un equipo. En otras palabras, no se trata de lo inteligente que seas, cuántos títulos tengas, cómo sea tu personalidad o qué calificaciones obtuviste; no se trata de cuántos cursos de nivel avanzado hiciste, lo creativo que eres o cuántos idiomas puedes leer. Se trata, para volver al principio, de «la supervivencia del que mejor encaja». Como descubrí en Harvard, y como confirmó Google utilizando la mejor tecnología de datos disponible, esas variables no son las adecuadas para calcular el éxito y el potencial. ¿Por qué? Porque son atributos *individuales*. En otras palabras, el «quién» de la ecuación sólo mide tu Pequeño Potencial. Y el Pequeño Potencial no se acerca ni de lejos a predecir tu capacidad total para el éxito en el trabajo y en la vida.

Y, sin embargo, ese «quién» es en lo que erróneamente nos centramos en los expedientes de admisión, las solicitudes de empleo, las entrevistas y otras formas de evaluación. De manera similar a cómo el descubrimiento del doctor Smith sobre las luciérnagas sincrónicas llevó a los científicos a cuestionar todo lo que creían saber sobre el comportamiento animal, Google parecía cuestionar algo igualmente fundamental sobre la naturaleza del potencial. ¿Cómo es posible que las habilidades, la inteligencia, la personalidad y los antecedentes *no* tengan una ventaja estadística a la hora de predecir el logro?

Y si esos atributos individuales no predicen el éxito y el potencial, ¿qué lo hará? La respuesta es clara: todo depende del ecosistema que te rodea. El Proyecto Aristóteles descubrió que si los miembros del equi-

---

10. https://www.nytimes.com/2016/02/28/magazine/what-google-learned-from-its-quest-to-build-the-perfect-team.html?smid=pl-share&_r=0

po tenían (1) una alta «sensibilidad social» (es decir, una fuerte conciencia de la importancia de las conexiones sociales) y (2) si el equipo había cultivado un entorno donde todos hablaban con igualdad y se sentían seguros al compartir sus ideas, el equipo alcanzaba sus máximos niveles de rendimiento una y otra vez. En otras palabras, el éxito en Google, al igual que en Harvard, no consiste en la supervivencia del más apto, sino en la supervivencia del que mejor encaja.

Durante décadas, hemos medido la inteligencia a nivel individual, al igual que la creatividad, el compromiso y la determinación. Pero resulta que no lográbamos medir algo con un impacto mucho mayor. Como se informó en la revista *Science*, investigadores del MIT, Union College y Carnegie Mellon finalmente encontraron un método para medir sistemáticamente la inteligencia de un *grupo,* en lugar de la de un individuo.[11] Así como evaluamos el éxito de un estudiante individual al resolver un problema, ahora podemos predecir el éxito de un *grupo* de personas al resolver uno o más problemas. De nuevo, sería fácil asumir que si se reúne un grupo de personas con un coeficiente intelectual alto, naturalmente exhibirán una inteligencia colectiva alta. Pero eso no es lo que sucede. De hecho, su investigación descubrió que un equipo en el que cada persona era simplemente promedio en sus habilidades individuales, pero poseía una inteligencia colectiva, exhibiría continuamente tasas de éxito más altas que un equipo de genios individuales.

Los investigadores concluyeron que «el factor general de inteligencia colectiva que explica el rendimiento del grupo en una amplia variedad de tareas» era «*una propiedad del propio grupo, no sólo de sus integrantes*». En otras palabras, el grupo más inteligente no es necesariamente el que cuenta con las personas más inteligentes. O, como dijo Aristóteles: «El todo es mayor que la suma de sus partes».

Esto representa una forma completamente diferente de ver el desempeño laboral. He impartido más de ochocientas charlas para empleados de «Gran Potencial», pero gracias a nuevas investigaciones que

---

11. Woolley, A. W., Chabris, C. F., Pentland, A., Hashmi, N. y Malone, T. W., «Evidence for a collective intelligence factor in the performance of human groups». *Science* 330, 29 de octubre de 2010, 686-688. doi:10.1126/science.1193147.

compartiré en este libro, ahora sé que lo que realmente miden es el Pequeño Potencial. Mi equipo de investigación y yo descubrimos algo sorprendente: tu potencial es mucho mayor que tú. Tu éxito, tu bienestar y tu desempeño están conectados con los de quienes te rodean. Increíblemente, descubrimos que los rasgos que contribuyen a tu éxito están tan vinculados que, cuando ayudas a quienes te rodean a mejorar, aumentas no sólo el desempeño colectivo del grupo, sino el de todos los que lo conforman. Porque, como verás en las páginas y capítulos siguientes, cuando trabajas para ayudar a otros a tener más éxito, a su vez, eliminas la barrera invisible que obstaculiza tu propio éxito.

EL ECOSISTEMA DEL POTENCIAL

Cuando se reintrodujo el lobo gris en el Parque Nacional de Yellowstone, sólo quedaba una colonia de castores en todo el parque, debido en parte al sobrepastoreo de la gran población de alces. Pero la reintroducción de los lobos en el entorno mantuvo a los alces en movimiento, de modo que no se quedaron mordisqueando los sauces, lo que permitió que los árboles crecieran y proporcionaran la madera que los castores necesitaban para sus presas. Los castores regresaron, la vegetación floreció y se restableció el equilibrio. Aunque parezca increíble, esa única mejora provocó una serie de efectos dominó que transformaron todo el ecosistema.

Podemos observar efectos dominó similares en lo que llamo el Ecosistema del Potencial: la red de conexiones que determina nuestro éxito y nuestros resultados. Durante muchos años, empresas, escuelas y comunidades de todo el mundo han medido el éxito y el potencial de forma limitada. Todas asumían que los rasgos que contribuyen a nuestro potencial, desde la inteligencia hasta el compromiso, la creatividad e incluso la salud, eran individuales y fijos, y punto. Luego, hacían suposiciones enormes —sobre todo, desde a qué candidato contratar o ascender (y cuánto pagarle) hasta en qué empresa invertir y a qué estudiante admitir— basándose en un único dato, como tu objetivo de ventas individual, tu programa de posgrado o tu coeficiente intelectual. Simplemente no tenían manera de medir nada más allá del rendimiento de una persona en un examen o el cumplimiento de un objetivo de ventas por sí solo.

Pero ahora sabemos que los rasgos que contribuyen a nuestro potencial no son individuales ni fijos, sino que están vinculados a todo nuestro ecosistema. Y con la ayuda del *big data* y la investigación de sistemas positivos, contamos con las herramientas necesarias y los valiosos conjuntos de datos que nos permiten detectar patrones que antes permanecían ocultos. En concreto, por primera vez en la historia, hemos comenzado a cuantificar el impacto que cada uno de nosotros tiene en quienes nos rodean y, a su vez, la influencia que los demás ejercen sobre nosotros.

En el centro de la investigación inicial sobre el Ecosistema del Potencial se encuentra… bueno, un corazón. De hecho, cinco mil corazones.

El famoso Estudio del Corazón de Framingham, que comenzó en 1948, es ahora uno de los estudios más importantes que validan las ideas que subyacen al Gran Potencial. Casi setenta años después, en 2017, me invitaron a hablar en los Institutos Nacionales de la Salud, el grupo responsable de financiar este análisis profundo de los factores de riesgo de las enfermedades cardíacas. El estudio, que duró décadas y se llevó a cabo en Framingham, Massachusetts, ha revelado hallazgos contundentes sobre la relación entre las conexiones sociales y nuestra salud cardiovascular. Si bien los resultados de su investigación son demasiado amplios y complejos para abordarlos aquí en su totalidad, la principal conclusión que obtuve de esa reunión fue que descubrieron que tener individuos sanos en nuestra comunidad o red de contactos aumenta las probabilidades de que nosotros mismos estemos más sanos. Estos hallazgos, y otros similares, han abierto las puertas a todo un campo de estudio que combina la psicología positiva con el *big data* para demostrar el poderoso impacto que nuestro ecosistema social tiene en mucho más que nuestra salud física.

Mientras tanto, al otro lado del río Charles, el investigador Nicholas Christakis de la Facultad de Medicina de Harvard se unió a James Fowler de la UC San Diego para llevar esta línea de investigación un paso más allá. Si nuestra salud física está interconectada, se preguntaron, ¿podrían estarlo también nuestra salud emocional y nuestra felicidad?[12] Por poco probable que parezca, Fowler y Christakis descubrieron que estaba más interconectada de lo que jamás imaginamos. Según su análisis, si eras más feliz, cualquier amigo en un radio de una milla tendría un 63 % más de probabilidades de ser también más feliz. ¡Guau! Y por la misma razón, descubrieron que si actualmente no eres feliz, pero te rodeas de personas felices, tu probabilidad de encontrar la felicidad aumenta de manera drástica. En resumen, estar rodeado de personas felices no te garantiza la felicidad, pero mejora de un modo significativo tus posibilidades.

Pero esto es sólo la punta del iceberg. Ahora sabemos que nuestra salud y felicidad no son los únicos rasgos interconectados. La personalidad, la creatividad, la energía, el compromiso, el liderazgo e incluso el rendimiento en ventas se predicen según las personas que te rodean. En otras palabras, conectar con personas de alto potencial aumenta drásticamente la probabilidad de obtener resultados de alto potencial.

En un estudio fundamental publicado en una de las revistas de psicología más prestigiosas (*Journal of Personality and Social Psychology*), investigadores de la Universidad Estatal de Michigan ampliaron nuestra comprensión de la personalidad no como una constelación de rasgos individuales, sino como un conjunto de rasgos interconectados. Resulta que las personas que nos rodean no sólo influyen poderosamente en el tipo de persona en que nos convertiremos, sino que su influencia comienza a arraigarse a una edad muy temprana. Por ejemplo, descubrieron que cuando los niños de tres o cuatro años estaban rodeados de compañeros trabajadores o sociables, ellos también empezaban a trabajar más duro y a ser más sociables.[13]

De igual manera, descubrieron que si los niños estaban rodeados de personas atentas, cuidadosas y juguetonas, adoptaban esos rasgos. Por otro lado, cuando los niños estaban rodeados de personas que no podían mantener su atención y eran desobedientes o impulsivas, ellos

---

12. Fowler, J. H., y Nicholas, C. A., «Dynamic spread of happiness in a large social network: longitudinal analysis over 20 years in the Framingham Heart Study». *BMJ* 337: a2338.

13. Se trató de un estudio longitudinal, para poder observar cómo el control del esfuerzo, las emociones positivas y negativas y el juego social cambiaban con el tiempo.

también se volvían desobedientes o impulsivos.[14] Jennifer Watling Neal, una de las autoras del estudio, escribió: «Nuestro hallazgo de que los rasgos de personalidad son contagiosos entre los niños contradice la idea generalizada de que la personalidad es innata y no se puede cambiar».

Otros rasgos, como la paciencia, la energía y la introversión/extroversión, también son contagiosos. Cuando investigadores en París pidieron a los participantes que tomaran una serie de decisiones tras observar las decisiones de investigadores encubiertos (que en realidad eran algoritmos de inteligencia artificial), resultó que cuando los participantes observaban decisiones más perezosas, eran más propensos a tomar decisiones perezosas; cuando observaban decisiones pacientes y prudentes, eran más pacientes y prudentes en su propia toma de decisiones.[15] Y si bien es muy fácil etiquetarse como alguien con mucha o poca energía, introvertido o extrovertido, los investigadores descubren que rasgos como éstos dependen de la situación de las personas que nos rodean. Según el profesor Brian Little de Harvard, una persona ligeramente introvertida se vuelve más extrovertida en un grupo de personas más introvertidas, mientras que una persona ligeramente extrovertida se vuelve más callada y más introvertida en presencia de personas ruidosas y extrovertidas.

Incluso la genialidad está interconectada. Si te pidiera que nombraras a algunos de los genios más emblemáticos de la historia, ¿quiénes te vendrían a la mente? ¿Einstein, Edison y Shakespeare? Nuestra cultura retrata a individuos como éstos como figuras imponentes, fuera de lo común, que podrían entrar en una habitación solos y plantear ideas revolucionarias. Pero ésta no es la realidad. Edison, por ejemplo, fue uno de los inventores más prolíficos de nuestro tiempo, con más de 1900 patentes. Sin embargo, los historiadores luchan por determinar si alguna vez inventó algo por sí mismo. En realidad, la mayoría de los inventos atribuidos a Edison fueron creados en colaboración con el

---

14. De una entrevista en línea: https://www.reddit.com/r/science/comments/5wvz03/
science_ama_series_this_is_dr_jenna_watling_neal/.

15. https://psychcentral.com/news/2017/04/01/are-personality-traits-contagious/
118486.html.

equipo de inventores que trabajaron con él.[16] Esto no quiere decir que no fuera brillante, sino que es un ejemplo perfecto de lo que podemos lograr cuando reconocemos que el potencial está interconectado. Edison pudo convertirse en uno de los inventores más importantes de todos los tiempos porque, al ayudar a su equipo a ser más creativo, aprovechó todo el poder de su ecosistema. Eso es el Gran Potencial. Mi antigua profesora de Shakespeare, Marjorie Garber, dio una vez una conferencia en la que decía que el significado de la palabra «genio» se ha distorsionado a lo largo de los siglos. Originalmente, decía, se podía «tener genio», pero no se podía «ser un genio». Nadie podía «poseer» la inspiración porque, por definición, estar inspirado significa ser el receptor. Mi amiga y una de mis personas favoritas de este mundo es Liz Gilbert, la famosa autora de *Come, reza, ama.* En su libro *Libera tu magia,* argumenta que debemos volver a la idea de que todos los grandes genios tienen musas que los inspiran y les extraen la grandeza. Una de mis partes favoritas de su libro es donde describe a un escritor que literalmente se vestía elegante y se pavoneaba por la habitación para convencer a la Inspiración de que era digno de su atención. Mi idea es que el Gran Potencial, como el genio, la creatividad y la inspiración, no es algo que tienes, sino algo que aprovechas.

Contrariamente al mito del genio solitario, la innovación y la creatividad tienen mucho menos que ver con los atributos o aptitudes individuales y mucho más con quienes te rodean. ¿Por qué crees que algunos de los mayores logros artísticos del mundo moderno han surgido de la reunión de compositores, escritores y artistas en salones, colectivos o colonias artísticas? ¿Por qué crees que los músicos y los «creativos culturales» van a festivales, y los autores se congregan en retiros de escritores aislados? Es porque saben que estar rodeados de otras personas creativas es la mejor manera de que fluya la energía creativa. Esto es lo que llamo en el capítulo 3 «presión positiva de grupo».

En el ámbito laboral, también necesitamos que otras personas nos inspiren y estimulen nuestra creatividad. Un estudio reveló que los empleados que trabajan en un entorno con un líder transformador –que inspira con una visión clara y anima a sus subordinados a crear nuevas

---

16. http://factmyth.com/factoids/ edison-never-invented-anything/

ideas y perspectivas– eran significativamente más creativos y mentalmente flexibles (una condición para la innovación) que quienes trabajan con un líder transaccional, aquel que ofrece elogios y recompensas a cambio directo de un alto rendimiento realizado de forma aislada.[17]

El ecosistema que nos rodea puede incluso tener un profundo impacto en nuestra moral y compasión. En uno de mis estudios favoritos, la investigadora Katie Carman investigó una empresa de setenta y cinco empleados y descubrió exactamente cuánto donaba normalmente cada uno a United Way. Luego, analizó lo que sucedía cuando un empleado era trasladado a otra sección de la empresa. Es decir, tuvo nuevas influencias. Increíblemente, descubrió que cuando alguien que por lo general no donaba se sentaba cerca de quienes sí lo hacían, cada dólar de aumento en las donaciones promedio de los compañeros cercanos se traducía en un aumento de 0,53 dólares del empleado que se había trasladado.[18] Nuestra disposición a ser generosos no es sólo una decisión individual. Constantemente nos modelamos y somos modelados por cómo otros dan, perdonan e invierten en los demás.

Incluso el proceso de aprendizaje en sí se ve afectado por quienes nos rodean. Investigadores de Stanford y Vanderbilt lo demostraron con contundencia con un programa que diseñaron llamado «El cerebro de Betty». Betty es un personaje animado en línea que introdujeron en las aulas de secundaria para ver qué sucedía cuando se les pedía a los estudiantes que le enseñaran a «ella» los principios de las ciencias ambientales.[19] El resultado fue que los estudiantes dedicaron mucho más tiempo a repasar el material una y otra vez y desarrollaron un mayor nivel de comprensión y dominio de éste. Aprendemos mejor cuando enseñamos a otros en lugar de estudiar simplemente por el conocimiento individual. Esto se llama el «efecto pupilo».[20] Y es un ejemplo

---

17. Jung, D. I., «Transformational and transactional leadership and their effects on creativity in groups». *Creativity Research Journal* 13 (2), 185-195, 2001.
18. Carman, K. G., «Social influences and the private provision of public goods: Evidence from charitable contributions in the workplace». Stanford Institute for Economic Policy Research Discussion Paper, 02-13, enero de 203.
19. Leelawong, K. y Biswas, G., *International Journal of Artificial Intelligence in Education* 18 (3), 181-208, 2008.
20. http://ideas.time.com/2011/11/30/the-protege-effect/

perfecto de cómo trabajar para mejorar a los demás realmente aumenta tu potencial individual.

Estas conexiones son las que nos permiten magnificar lo que es posible como individuos. Una cosa es ser lo suficientemente inteligente como para aprender un idioma. Pero es mucho más impresionante poder ayudar a otros a aprender a hablarlo. Una cosa es aprender resiliencia y habilidades de supervivencia. Pero es mucho más impresionante poder ayudar a las víctimas heridas a sobrevivir a una tormenta. Una cosa es estar automotivado en el trabajo. Pero es mucho más impresionante motivar a un equipo para que tenga éxito en medio de la incertidumbre. Sólo se puede lograr hasta cierto punto si uno se esfuerza por superarse a sí mismo. *Es hora de que empecemos a buscar el éxito y los logros de una manera completamente diferente.*

Nos enseñan que para alcanzar nuestro potencial, debemos superarnos mutuamente en una competencia feroz, primero en la escuela y luego en el trabajo. Pero una vez que entendemos cómo el éxito está interconectado, de repente comienza a surgir otro camino mejor. *El Gran Potencial no es intentar avanzar más rápido en solitario. Es trabajar para convertirnos en mejores juntos.*

DESPLUMADO Y PICOTEADO HASTA LA MUERTE

Como joven investigador, William Muir había apostado todo su futuro académico a una corazonada sobre insectos, peces y animales de corral. Desde que Darwin publicó su famosa teoría de la selección natural, la idea de la supervivencia del más apto ha sido fundamental para nuestra comprensión de la biología y la genética. Sin embargo, Muir creía que, en lo que respecta al éxito evolutivo, no es la selección natural individual, sino la *selección grupal,* lo que importa. Desafortunadamente, la ciencia ya había descartado la selección grupal como ridícula, y a Muir se le aconsejó que, si quería ascender en el mundo académico, haría bien en abandonar esta búsqueda. Aunque éstas puedan parecer disputas académicas arcanas, la distinción entre estas dos teorías es fundamental para casi todo lo que creemos sobre el potencial humano. También demuestra por qué la ciencia tarda en aprender.

Decidido a abrir los ojos de la comunidad científica a los méritos de esta teoría, Muir realizó un brillante estudio –que posteriormente se hizo aún más famoso gracias a una charla TED de Margaret Heffernan– que reveló una verdad sorprendente con implicaciones de gran alcance.[21] Imagina que eres el director ejecutivo de una granja avícola (ten paciencia conmigo) y quieres criar el grupo de gallinas de mayor producción. ¿Cuál es la mejor estrategia? Las teorías previas sobre genes y evolución dan una respuesta fácil: encontrar las gallinas que producen más huevos y cruzarlas con otras de alta producción para crear una nueva generación de gallinas de mayor rendimiento, y luego repetir el proceso hasta tener la granja avícola más elitista del mundo. Así que eso es lo que hizo Muir durante siete generaciones de gallinas. Al mismo tiempo, mantuvo un segundo grupo «normal» –una mezcla de gallinas de alta y baja producción– y lo crio durante siete generaciones. Según la teoría de la selección natural, uno esperaría que para la última generación el primer grupo diera lugar a una bandada de gallinas superestrellas. Sin embargo, no fue así. De hecho, Muir se vio obligado a detener el experimento antes de tiempo, porque todas las gallinas hiperproductivas, menos tres, habían sido picoteadas hasta la muerte (y esas tres gallinas no salieron ilesas, pues les habían arrancado todas las plumas).[22] Las gallinas del grupo normal, en cambio, no sólo sobrevivieron, sino que aún estaban cubiertas de plumas. De hecho, produjeron un 160 % más de huevos que las gallinas «MVP».[23]

La apuesta de Muir dio sus frutos. «Se puede desperdiciar energía manteniendo una jerarquía –explicó–. Pero si a los animales no les importa y se llevan bien, *esa energía se transfiere a la producción*». En otras palabras, cuando los miembros de un grupo, ya sean humanos o gallinas, se centran únicamente en competir para llegar a la cima, es probable que se picoteen hasta la muerte. Sin embargo, cuando se esfuerzan por ascender mutuamente, todos ganan.

21. http://ideas.time.com/2011/11/30/the-protege-effect/
22. Wilson, D. S., *Evolution for Everyone: How Darwin's Theory Can Change the Way We Think About Our Lives*, Delacorte Press, Nueva York, 2007.
23. «Most valuable player». (*N. del T.*)

Esta conclusión tiene implicaciones importantes para nuestra forma de pensar sobre el rendimiento, tanto en las escuelas como en las organizaciones. «Si un cerdo o una gallina asciende a la cima pisoteando a otros, entonces un programa de crianza no progresa»,[24] escribió Muir. No sé tú, pero en el mundo empresarial yo me he topado con muchos cerdos que pisotean a otros y con muchas gallinas que constantemente picotean a cualquiera que intente tener éxito a su alrededor. Y si se les permite seguir sin control, quedan unas pocas gallinas sin plumas que podrían haber sobrevivido, pero nunca prosperado.

Cada vez que intentamos oponernos a una fórmula errónea de vida profundamente arraigada, tendremos que esperar resistencias. La primera barrera mental para el Gran Potencial se basa en el ego. Recuerdo haber hablado una vez con un corredor de bolsa de Wall Street que disfrutaba compitiendo. Al minuto de conocerlo, ya me había contado lo superiores que eran sus hijos en los campos de fútbol y *lacrosse*. Cuando mencioné el concepto de Gran Potencial, me preguntó por qué querría «ayudar a alguien a ser más competitivo. ¿No es mejor ser el más inteligente o el más fuerte de la sala?».

A primera vista, esta crítica parece tener mucho sentido. Y la oigo por todas partes. El problema con esta perspectiva es que no capta el panorama general. Lo que una persona fuerte o inteligente puede lograr sola se ve eclipsado por lo que podría lograr si conectara con su equipo y mejorase su rendimiento. Cuando quienes te rodean son creativos e inteligentes, te vuelves MÁS creativo o inteligente que antes. Además, como nuestro potencial no es fijo, sino un recurso renovable con el poder de multiplicarse cuando aprovechamos el potencial de quienes nos rodean, cuanto más invertimos en las habilidades y capacidades de los demás, más beneficios obtenemos de las nuestras. PUEDES ser una superestrella, simplemente no puedes serlo solo.

---

24. https://news.uns.purdue.edu/html4ever/2005/050802.Muir.behavior.html. Una interesante nota al margen de alguien que comió huevos de gallinas libres pensando que eso solucionaba la mayoría de los problemas: cuando todas las gallinas estaban encerradas, sólo había un territorio, así que no había nada por lo que pelear, pero cuando se les dio vía libre, fue un baño de sangre porque pelearon por más territorio.

Por eso, el enfoque de la supervivencia del más apto es erróneo, y también por eso buscar el Potencial Pequeño resulta costoso y miope. Recordemos mi estudio sobre el potencial en Harvard y el Proyecto Aristóteles de Google, que concluyó que el componente «quién» de la ecuación no predecía el éxito a largo plazo. La investigación de Muir también confirma estos hallazgos. «Acumulados, esos efectos sociales fueron mucho más importantes que los del individuo»,[25] explica. Para lograr estos efectos, debemos centrarnos no en «criar» individuos de alto rendimiento que compitan entre sí a muerte, sino en ayudar a mejorar el grupo colectivamente.

En nuestro entorno laboral moderno, esto es más cierto que nunca. A medida que las empresas y los sistemas se vuelven cada vez más complejos, los logros de los individuos se vuelven mucho menos distinguibles, y por lo tanto menos importantes, que los resultados generales de un equipo. Desde equipos legales hasta equipos de programadores de *software* y equipos de ventas, los empleados son evaluados individualmente cada vez menos. Además, los líderes son evaluados menos por su desempeño individual y más por su capacidad para activar el mayor potencial en su equipo. En los deportes, algunos creen que quien anota más puntos obtiene la mejor selección o la beca más grande. Pero los cazatalentos no vienen a ver a los equipos perdedores. En el lugar de trabajo, al igual que en el campo de juego, es mejor ser un buen jugador en un gran equipo, que la estrella en un equipo olvidable.

Y esto será aún más cierto en los próximos años y décadas. Como descubrieron investigadores de la Universidad de Virginia, el tiempo que los empleados dedican a actividades colaborativas se ha disparado en un 50 % o más en tan sólo dos décadas. Y el estudio de Google mencionado anteriormente reveló que, hoy en día, más del 75 % de la jornada de un empleado se dedica a… comunicarse con sus compañeros de trabajo y colegas.[26] Es justo decir que nuestro potencial actual

---

25. https://evolution-institute.org/article/when-the-strong-outbreedthe-weak-an-interview-with-william-muir/
26. https://www.nytimes.com/2016/02/28/magazine/what-google-learnedfrom-its-quest-to-build-the-perfect-team.html?smid=pl-share&_r=0

está más inextricablemente ligado al de otros que quizá en cualquier otro momento de la historia.

En un mundo que cambia rápidamente, el Gran Potencial nos ayuda a mantener la resiliencia. Los reveses son inevitables, tanto en nuestras vidas como en nuestras carreras. Si tropiezas o te agotas por tu cuenta, puedes tardar mucho en recuperarte. Pero si tu éxito está conectado al de los demás, tendrás un sistema de apoyo que te acompañará hasta que recuperes la energía. Si eres una hormiga solitaria e hiperproductiva y te lesionas, entonces tienes problemas. Pero si eres sólo una de muchas hormigas productivas, entonces la colonia puede seguir prosperando hasta que sanes. El director del Centro de Investigación de Redes Complejas, Albert-László Barabási, argumenta en su libro *Linked* que los problemas en cualquier sistema se defienden y se equilibran mediante las interconexiones. Cuanto más trabajamos para fortalecer a quienes nos rodean, más probable es que nosotros mismos nos sintamos protegidos y apoyados.

Permíteme dejar esto muy claro: este libro no es un argumento contra la competencia en los negocios. No creo que la competencia sea mala. De hecho, la competencia, bien organizada, puede perfeccionar de manera drástica nuestro potencial, además de brindar alegría y energía. Como dice el Dalái Lama, la competencia puede ser productiva cuando «se utiliza de forma positiva… Es positivo querer ir primero, siempre que la intención sea allanar el camino a otros, facilitarles el camino, ayudarlos o mostrarles el camino. La competencia es negativa cuando deseamos derrotar a otros, derribarlos para elevarnos nosotros mismos». El Gran Potencial consiste en obtener una ventaja competitiva no limitando las probabilidades de éxito de los demás, sino elevándolas.

A menudo nos dicen que no existe innovación sin competencia, lo cual es absurdo si se considera que la mayoría de las grandes innovaciones en ciencia y tecnología han resultado del intercambio de investigaciones entre grupos académicos aislados, fronteras nacionales y barreras lingüísticas. En realidad, ninguna gran innovación ocurre en aislamiento. Personalmente, otros investigadores me han pedido firmar una cantidad excesiva de acuerdos de confidencialidad porque temen que sus ideas puedan salir a la luz. Pero, en realidad, he encontrado este enfoque contraproducente. Quienes guardan sus cartas muy cerca del pecho rara vez son los que terminan ganando la partida. Es cuando compartimos nuestros descubrimientos con personas de otras áreas de especialización o perspectivas distintas, cuando buscamos retroalimentación sobre nuestras ideas en alguien de un campo diferente, o cuando probamos nuestros conceptos con posibles usuarios, cuando de repente empieza a surgir el verdadero potencial.

Como escribió W. Edwards Deming, uno de los precursores del desarrollo organizacional moderno, en una reseña del clásico de gestión de Peter Senge, *La quinta disciplina*: «Las personas nacen con motivación intrínseca, respeto por sí mismas, dignidad, curiosidad por aprender y alegría por aprender. Las fuerzas destructivas comienzan con los niños pequeños –un premio al mejor disfraz de Halloween, buenas calificaciones en la escuela, estrellas doradas– y continúan hasta la universidad. En el trabajo, las personas, los equipos y las divisiones se clasifican: recompensa para los mejores, castigo para los peores».[27] Si seguimos enseñando a nuestros hijos –nuestros futuros empleados, futuros líderes y futuros innovadores– a escalar posiciones, limitaremos su potencial, así como el de nuestras empresas y nuestra economía en su conjunto.

EL CÍRCULO VIRTUOSO

En mi primer libro, *The Happiness Advantage*, argumenté que, si bien la gente tiende a creer que perseguir el éxito conduce a la felicidad, la investigación demostró que esta relación era contraria: que cuando buscamos la felicidad, tenemos más probabilidades de alcanzar el éxito. También recibí críticas. Al fin y al cabo, es tentador tratar la felicidad como algo «bueno», pensar: «Si logro superar todo este trabajo, o si consigo el trabajo ideal o el ascenso, entonces podré empezar a pensar en la felicidad». Pero más de dos décadas de investigación demuestran

---

27. Senge, P. M., *La quinta disciplina: El arte y la práctica de la organización abierta al aprendizaje*. Granica Vergara, Buenos Aires, 1990.

que éste es el camino equivocado, y que limita de manera drástica tanto las probabilidades de éxito como la felicidad.

Aquí presento un argumento similar. Es igualmente tentador tratar el Gran Potencial como algo secundario, pensar: «Bueno, cuando tenga mucho éxito, cuando me convierta en una superestrella, entonces podré empezar a pensar en proyectar esa luz sobre los demás». Pero la investigación es sorprendentemente clara: esta perspectiva también es del todo errónea.

De hecho, el Gran Potencial no opera en una sola dirección. En cambio, funciona como un ciclo de retroalimentación positiva, donde los éxitos en nuestro ecosistema generan una cascada de éxitos que se acumulan, o lo que yo llamo un círculo virtuoso.

Todos hemos oído la expresión «círculo vicioso» para describir lo que ocurre cuando una serie de eventos negativos se acumulan. A un empleado no le gusta su trabajo actual, por lo que se desconecta, lo que le hace rendir menos y, por lo tanto, desagradarle aún más. Un excelente bateador hace tres *strikes* en un partido, empieza a perder la confianza y se vuelve tímido con su *swing*, lo que lleva a más eliminaciones en el siguiente partido, y así sucesivamente. Pero existe una alternativa menos conocida al patrón del círculo vicioso. Un círculo virtuoso es una espiral ascendente de potencial donde, con cada éxito, se acumulan más recursos, lo que, a su vez, permite alcanzar cada vez mayores éxitos.

Así como un círculo vicioso agrava lo negativo, un círculo virtuoso aumenta lo positivo, y facilita cada vez más el progreso futuro. Por ejemplo, una líder de ventas comparte los elogios por su éxito en ventas con un miembro de su equipo de apoyo, lo que hace que éste se sienta más involucrado, lo que se traduce en un mayor éxito de ventas para la líder y, a su vez, en más éxito y elogios. Un gerente con exceso de trabajo confía lo suficiente en su asistente como para delegar una tarea importante; esto hace que el asistente sienta que pueden confiar en él, lo que lo lleva a realizar un trabajo excelente en el proyecto, ganándose así aún más confianza del gerente con exceso de trabajo. Una estudiante intenta superar su timidez para hablar con alguien nuevo en la escuela y termina haciendo un amigo, lo que le da más confianza en el futuro para superar su timidez, que ahora está disminuyendo.

El general Colin Powell dijo una vez: «El optimismo perpetuo es un multiplicador de fuerza». Un multiplicador de fuerza es cualquier objeto o persona de tu entorno que aumenta exponencialmente tu capacidad para lograr cosas mucho mayores de las que podrías lograr solo. Las cinco estrategias de este libro han demostrado ser verdaderos multiplicadores de fuerza.

Basándome en mi investigación y observaciones trabajando en todo el mundo con organizaciones como la NASA, el Departamento del Tesoro de EE. UU. y la NFL, aprenderás a plantar estas semillas en el terreno más fértil; es decir, a ayudar a crear entornos donde puedas obtener el mayor rendimiento de tu inversión en los demás. Sin importar tu posición, edad o cargo, puedes encontrar maneras poderosas de crear círculos virtuosos de potencial plantando estas semillas en tu vida.

En la primera estrategia, RODÉATE, describiré cómo puedes convertirte en una superestrella creando un sistema de estrellas a tu alrededor. Cuando ayudas a otros a brillar, el sistema intensifica la luz, haciendo que tu propia estrella brille aún más.

En la segunda estrategia, describo cómo EXPANDIR tu poder para generar un cambio positivo en tu ecosistema, ayudando a otros a liderar desde cualquier posición. Cuanto más empoderes a otros para que difundan su propio poder, más se multiplicará tu impacto.

En la tercera estrategia, explicaré la investigación sobre cómo AUMENTAR el potencial de los demás, lo que, a su vez, genera un mayor rendimiento para el nuestro. Te mostraré cómo convertirte en lo que llamo un «prisma de elogio», y cómo reflejar la luz del elogio hacia fuera no sólo ilumina a los demás, sino que también mejora tu propia posición.

En «DEFIÉNDETE», te mostraré cómo proteger tu Ecosistema del Potencial contra influencias negativas para que todo el sistema sea más resiliente. Al afrontar retos más difíciles, te vuelves más fuerte y, por lo tanto, más capaz de afrontar retos mayores.

En la estrategia final, te mostraré cómo MANTENER las ganancias de tu potencial, creando un impulso colectivo que eleva cada vez más tu potencial. Los éxitos aislados tienen un límite, pero los éxitos interconectados se aceleran y se complementan. Juntas, estas semillas crean un círculo virtuoso que eleva cada vez más tu potencial.

He trabajado con innumerables líderes corporativos, he hablado con maestros y padres en escuelas víctimas de tiroteos, he aprendido sobre el poder de la positividad de pacientes recién diagnosticados con esclerosis múltiple y me he reunido con celebridades, todos tratando de comprender el camino hacia el Gran Potencial. En todas partes, seguí escuchando las mismas creencias limitantes repetidas una y otra vez: «No puedes cambiar a otras personas». «Las personas son sólo sus genes y su entorno». «Algunas personas nacen así». Hemos escuchado declaraciones como éstas tantas veces de maestros, gerentes, terapeutas, padres y entrenadores que, como sociedad, hemos comenzado a aceptarlas. Pero no hay respaldo científico para esto. De hecho, cada estudio realizado en las últimas ocho décadas en el que los investigadores introdujeron variables en las vidas de las personas que arrojaron resultados significativos es prueba de que sí se puede cambiar a los demás. De hecho, cambiamos a las personas TODO EL TIEMPO.

Me resulta extraño que la gente asienta con vehemencia ante la idea de que no se puede cambiar a los demás, y sin embargo, cinco minutos después hablen del efecto tóxico de las personas negativas en sus vidas o lugares de trabajo. Si un correo electrónico furioso de un cliente, un encuentro grosero con un vecino o una mala interacción con tu jefe pueden arruinarte el día, ¿por qué no puede ser igualmente cierto lo contrario? ¿Por qué las interacciones con las personas positivas de tu vida no pueden mejorar tu día y facilitar la decisión de prosperar?

Todos tenemos el poder de ayudar a los demás a ser mejores. Y cuando nos comprometemos a utilizar ese poder, no hay límites a lo que podemos lograr. Lo creo no sólo por décadas de investigación, sino porque lo he experimentado en primera persona al observar a mi padre.

EL SIGNIFICADO MAYOR

A principios de este año, después de casi cuatro décadas como profesor de Neurociencia, mi padre se jubiló. A pesar de que parte de su investigación temprana ayudó a impulsar todo el campo de la neurociencia, él no dedicó plenamente su tiempo a publicaciones académicas para promover su propio nombre. En cambio, mi padre aceptó cinco veces más estudiantes a su cargo que otros profesores. Y estuvo presente como padre para mi hermana y para mí.

Y, sin embargo, durante gran parte de su carrera, mi padre se sintió un fracasado. No publicaba tanto como sus colegas, quienes habían abandonado a sus estudiantes por más reconocimientos. Y él había querido seguir los pasos de su padre, un cirujano héroe de guerra que ganó una Cruz de la Marina por realizar una traqueotomía bajo fuego enemigo tras recibir tres disparos. Era un puesto difícil de llenar, y debido a un primer año tumultuoso en la UCLA, mi padre no obtuvo las calificaciones necesarias para ingresar a la Facultad de Medicina, a pesar de tres años posteriores con excelentes calificaciones. Sin embargo, tras haberlo visto ayudar a cientos de sus propios estudiantes a ingresar a la Facultad de Medicina, y tras haberlo visto sentarse con aquellos estudiantes que lloraban y no entraron, ayudándolos a ver cómo podrían tener un camino diferente y quizá mejor, sé la verdad: *encontró su Gran Potencial ayudando a esos jóvenes a desarrollar el suyo.*

Si creciste o conviviste con alguien que sentía que no había alcanzado su potencial, conoces la angustia y la sensación de impotencia que conlleva querer ayudarlo a ver su vida con más claridad. Es muy fácil fijarse en un dato, una sola calificación o un número y pasar por alto la verdad sobre la contribución exitosa de alguien al mundo.

En la fiesta de jubilación de mi padre, me pidieron que diera un discurso sobre él ante una sala llena de personas cuyas vidas había transformado. Un minuto después, mi hijo pequeño, Leo, subió corriendo al escenario, levantó los brazos y dijo con su voz lastimera, diseñada por la evolución: «¡Papi, en brazos, papi, en brazos!». Allí estaba yo, un hijo orgulloso celebrando a su padre, y también un padre orgulloso consolando a su hijo… y de repente, el concepto de *Gran Potencial* empezó a tener sentido de una forma completamente nueva.

Yo creía que ya lo quería todo para Leo. Quería que fuera feliz. Quería que fuera inteligente. No sólo inteligente, quería que el primer libro que leyera fuera *Guerra y paz,* en ruso, leído en voz alta con acento británico (para que sonara aún más inteligente). Quería que brillara con tanta intensidad que la gente tuviera que ponerse gafas de Sol. Pero mientras celebraba a mi padre sosteniendo a mi hijo en brazos, me di cuenta de que, en realidad, hasta ese momento había deseado demasiado poco para Leo.

Ahora me doy cuenta de que quiero que Leo sea como mi padre. No sólo quiero que sea feliz, sino que haga más felices a todos los que lo rodean. Que no sólo sea creativo, sino que haga que todos a su alrededor sean más creativos. Que no sólo tenga éxito, sino que haga que todos a su alrededor tengan más éxito. No sólo quiero que sea una luz brillante, quiero que también haga brillar a los demás.

En lo más profundo de esta investigación reside mi convicción de que la vida no tiene sentido sin los demás. Piénsalo. La clave del verdadero liderazgo reside en inspirar a otros a ser líderes. La clave de una buena crianza y de unas relaciones sólidas reside en ayudar a sacar lo mejor de las personas que amamos. La clave de la verdadera felicidad reside en encontrar alegría al ayudar a otros a ser más felices. Y la clave para alcanzar tu máximo potencial empieza por ayudar a otros a alcanzar el suyo. Deseo eso para Leo. Y lo deseo para ti también.

Todo empieza por plantearse las preguntas más importantes: ¿Cómo puedo ampliar mi influencia en un mundo interconectado? ¿Cómo impacto en los demás con mi vida y mi energía? ¿Cómo puedo aumentar mi potencial ayudando a otros a ser mejores? Argumentaré que, si no te planteas estas preguntas, tu potencial es limitado y tu éxito será efímero. Este libro explora la nueva ciencia que muestra cómo tú puedes superar el límite de tu propio potencial, bienestar y felicidad al ayudar a otros a hacer lo mismo, creando un mundo mejor, más feliz y más próspero para todos.

En estos tiempos a veces oscuros y complicados, no necesitamos una luz solitaria que destelle en la noche, necesitamos brillar más juntos.

SEGUNDA PARTE

LAS SEMILLAS DEL GRAN POTENCIAL

CAPÍTULO 3

RODÉATE DE INFLUENCIADORES POSITIVOS

CREA SISTEMAS ESTELARES

En febrero de 2014, mi esposa, Michelle, quien por entonces llevaba ocho meses de embarazo, me dijo que viajaba demasiado y me «sugirió» que no aceptara más trabajo hasta después del nacimiento de Leo. Luego, como si lo hubiera pensado mejor, añadió: «A menos que llame Oprah, claro». Tres días después, me llamó el equipo de Oprah. Un mes después, me encontraba sentado, nervioso, en el patio trasero de la casa de Oprah en Montecito, California.

Me habían invitado a una entrevista de una hora para su programa *Super Soul Sunday,* que sinceramente es el mejor programa de la televisión: una entrevista profunda de una hora con pensadores increíbles, desde Brené Brown hasta Rob Bell. Cuando llegué, un equipo de grabación estaba preparándose al final de un sendero que serpenteaba por un bosque de secuoyas en su propiedad. (Sí, tiene un bosque de secuoyas, como cualquiera). Allí, las cámaras captarían el hermoso y natural momento en que el invitado –en este caso yo– se encuentra con Oprah por primera vez. Mi momento no fue ni hermoso ni natural. En cuanto la vi, mi mente se apagó. He intentado reprimir el recuerdo de lo que sucedió después.

Con su característica voz cantarina, Oprah gritó a modo de saludo: «¡Shawn, Shawn, Shawn!». Y fue entonces cuando me di cuenta de que no conocía el protocolo. ¿Cómo iba a responder? ¿«Oprah, Oprah, Oprah»? Así que, brillantemente, dije… nada. Tenía las manos levantadas, así que instintivamente las agarré, sólo para darme cuenta de que no tenía ni idea de si era un choque de manos, un abrazo o si estábamos a punto de bailar. Desafortunadamente, el resultado fue una horrible mezcla de las tres. Brazos en alto, manos entrelazadas, lentamente comenzamos a girar torpemente mientras mis ojos asustados se encontraban con los suyos confundidos. Después de unos segundos y tras girar casi 360 grados, misericordiosamente apagaron las cámaras.

Uno de los dones de Oprah es hacer que sus invitados se sientan tan cómodos que querrán revelarlo todo en una conversación con ella, y yo no fui la excepción, incluso después de mi primer encuentro fallido. Por eso sucedió lo siguiente. Después de grabar el programa de una hora, mientras su equipo desmontaba el set, le confesé lo que sentía. Me volví hacia Oprah y le dije que estaba decepcionado. Me había encantado nuestra conversación, pero había algo más de lo que realmente quería hablar: mi experiencia tras haber pasado por una depresión. Es demasiado fácil decir: «Por supuesto que es feliz. Es un investigador de la felicidad. Está casado con una investigadora de la felicidad. Su hermana es un unicornio». Del mismo modo, es fácil pensar: «Y por supuesto que Oprah es feliz. Mira todas sus oportunidades, recursos, riqueza y amigos. Debe de ser fácil ser feliz si eres Oprah».

Por eso me sorprendió tanto lo que pasó después. Oprah se volvió hacia mí y me dijo: «Shawn, pasé dos años de depresión, en la cima de mi carrera, cuando ganaba más dinero, cuando *Beloved* no tuvo el éxito que esperaba, y me hundí». Respondí: «Pasé dos años de depresión mientras estaba en Harvard, enseñando a estudiantes a no deprimirse». Entonces le indicó al equipo que volvieran a encender las cámaras y terminamos hablando durante una segunda hora entera sobre qué hacer cuando se pierde la alegría en la búsqueda del potencial.

Te cuento esta historia porque lo que aprendí de mi lucha contra la depresión es la base de esta estrategia, la primera semilla de Gran Potencial. Cuando estaba en Harvard, creía que lo que hacía funcionaba. Logré ser aceptado en una universidad de la Ivy League después de graduarme en una escuela pública en Waco. Obtuve una beca militar completa. Me gradué con honores. Era tan bueno cumpliendo con estos indicadores de éxito individual que nunca me detuve a reconocer que me sentía solo. Pensaba que podía hacerlo todo solo. Y durante un tiempo pensé que debía hacerlo todo solo. Es decir, hasta que me di cuenta de que esta mentalidad no sólo era la raíz de mi depresión, sino que también estaba poniendo un techo invisible a mi futuro éxito.

El punto de inflexión para mí fue cuando cambié mi mentalidad de «puedo hacerlo todo yo solo» a «necesito a los demás». La depresión me enseñó que, para alcanzar mi Gran Potencial, necesitaba rodearme de un sistema más fuerte. Y que, para hacer amigos, primero tenía que *serlo*. Así que cogí el teléfono. Contacté. Reconecté con personas que me importaban y me esforcé por escuchar sus problemas, aunque yo mismo estuviera sufriendo.

Pero al mismo tiempo, tenía que estar abierto a mis desafíos. Durante todo ese tiempo, había intentado proyectar una imagen de éxito, porque me daba demasiado miedo y vergüenza admitir que necesitaba ayuda. Pero pronto me di cuenta de que la verdadera conexión es una vía de doble sentido: que las amistades unilaterales, en realidad, debilitan el sistema y lo hacen menos resiliente. Así que dejé de fingir que todo era perfecto y me abrí a mis doce amigos y familiares más cercanos. Les dije que estaba pasando por una depresión y que los necesitaba. Dejé de intentar ser perfecto y hacerlo todo «yo solo».

El impacto fue increíble. No sólo me apoyaron de inmediato, sino que también se sinceraron sobre aspectos de sus vidas –como los problemas contra los que luchaban, desde la soledad hasta la adicción– que me habían ocultado cuando mi propia búsqueda de la perfección les hacía sentir que no les consentía ser imperfectos. Esto me permitió conocerlos a un nivel más profundo que nunca. El resultado fue el mejor sistema de apoyo social que había tenido en mis veinticuatro años de vida hasta ese momento. Mi depresión se desvaneció y, desde entonces, he disfrutado de más significado y éxito del que jamás habría podido alcanzar sin ese sistema de apoyo.

A veces, quizá rodeados de niños que se pelean, pasajeros de avión que tosen o un jefe negativo y malhumorado, anhelamos escaparnos a una playa solitaria donde seamos la única persona en el mundo. Pero si bien todos necesitamos momentos de soledad de vez en cuando para reflexionar y recargar energías, el aislamiento nunca cura nuestros males. Como seres humanos, estamos programados para ser criaturas tribales en lugar de lobos solitarios. Desde la época de los cazadores-recolectores, nos hemos necesitado desesperadamente unos a otros para sobrevivir. De hecho, todas las principales tradiciones religiosas, desde el islam hasta el cristianismo y el judaísmo, parten de la misma base: «El hombre no está hecho para estar sólo».[1] Incluso en prisión, uno de los peores lugares del mundo, el castigo más severo es aislar a alguien.

Y, sin embargo, irónicamente, en una época en la que la tecnología e Internet nos han permitido estar más conectados que en cualquier otro período de la historia de la humanidad –una época en la que las redes sociales nos permiten comunicarnos instantánea y fluidamente con alguien al otro lado del mundo a quien nunca hemos visto–, diría que ansiamos una conexión real más que nunca. Y, al mismo tiempo, sólo ahora estamos empezando a comprender el impacto total que las redes de personas que nos rodean tienen en nuestro rendimiento, bienestar, felicidad y éxito.

Si alguna vez has pasado cinco minutos en un trampolín, probablemente hayas experimentado lo que se llama un «superrebote» (o «doble rebote»). Al saltar solo en una cama elástica, la altura es limitada. Pero si convences a alguien para que salte a tu lado y lo haces en el momento justo, su peso extra aumenta la energía potencial y, a su vez, ambos saltáis mucho más alto. El Gran Potencial es el superrebote que sólo es posible con otros saltando contigo.

La cima de tu potencial se predice por las personas que te rodean. Así que la clave para impulsar tu potencial al máximo es RODEARTE de personas que te impulsen en lugar de hundirte. Porque, como aprenderás en este capítulo, rodearte de otras personas elevadas puede brindarte la energía necesaria para alcanzar nuevas alturas.

Desde aquella entrevista con Oprah, he tenido la oportunidad de trabajar con varias celebridades de Hollywood, atletas famosos y altos ejecutivos que también sufren sentimientos de soledad y vacío, a pesar de su fama, éxito y riqueza. Ahora he llegado a la conclusión de que hay

---

1. Me fascina la importancia de este pasaje, que se encuentra en el segundo capítulo del primer libro de la Biblia. Se refiere específicamente a la necesidad de Adán de alguien más en su vida, pero no hay indicios de que se trate de una necesidad de género. De hecho, el resto de las escrituras y de las tradiciones del judaísmo, el cristianismo y el islam señalan que necesitamos comunidad y que la esencia de la religión es amar al prójimo.

tres costos ocultos al intentar ser la estrella más brillante resplandeciendo en solitario: soledad, pérdida de sentido y, finalmente, agotamiento. Perseguir el potencial de manera individual no lleva a ser una estrella durante mucho tiempo. Así como las estrellas se desmoronan cuando no tienen un sistema a su alrededor, quienes intentan ser superestrellas en solitario se apagan y desaparecen en poco tiempo.

SÉ UNA SUPERESTRELLA DENTRO DE UNA CONSTELACIÓN DE ESTRELLAS

Sé que quieres ser una superestrella. Si tienes hijos, quieres que sean superestrellas. He visto a innumerables padres enviar a sus hijos a colegios privados caros, con la esperanza de que el ambiente competitivo los convierta en estrellas académicas a las que ninguna escuela podría rechazar. Sin embargo, estos entornos hipercompetitivos operan según la idea errónea de que para ser «ganadores» también debe haber «perdedores». Esto simplemente no es así, y pasa por alto por completo el Gran Potencial. Como escribió el famoso entrenador de baloncesto John Wooden: «El ingrediente principal del estrellato es el resto del equipo».

Seamos realistas sobre la idea de ganar. Uno de los entrenadores más exitosos del baloncesto, y quizá de cualquier deporte, es Geno Auriemma, entrenador principal del equipo femenino de baloncesto de la Universidad de Connecticut. En el momento de escribir esto, el equipo de Geno no había perdido ni un solo un partido en dos años, y había ganado el campeonato nacional cuatro de los últimos cinco años. ¿Cómo lo logra? Cultiva una cultura donde las jugadoras son juzgadas por sus contribuciones al equipo, más que por sus éxitos individuales. Las jugadoras que se convierten en estrellas ayudando a todo el equipo a jugar mejor se involucrarán en el partido, mientras que quienes intentan ser «superestrellas» que eclipsan a sus compañeras se quedarán en el banquillo. Como dice Geno: «Prefiero perder que ver a las chicas jugar como juegan algunas… Siempre están pensando en sí mismas. Yo, yo, yo, yo. No he marcado, ¿por qué debería estar contenta? No estoy jugando suficientes minutos, ¿por qué debería estar contenta?…

Así que cuando veo vídeos de partidos, me fijo en lo que pasa en el banquillo. Si alguna está dormida, si a alguna no le importa, si alguna no está metida en el partido, nunca entrará en el partido. Nunca».

Podrías poner a Geno en cualquier equipo de cualquier empresa y seguiría ganando, porque su filosofía es construir un equipo de estrellas en lugar de mimar a una superestrella. De igual manera, Nick Saban, el venerado entrenador del equipo de fútbol americano de la Universidad de Alabama, que siempre ha ganado campeonatos, no comparte la tradición de regalar balones a los MVP, porque cree que destacar a los jugadores por sus logros individuales va en contra de su objetivo ganador; para él, el éxito se trata de la victoria del equipo, no de las estadísticas de una superestrella. A diferencia de tantos entrenadores, gestores y educadores, tanto Geno como Nick saben que una actitud de «yo, yo, yo» es tóxica para un equipo y para cada uno de sus jugadores.

En baloncesto, por ejemplo, uno pensaría que el porcentaje de tiros predice mejor el resultado de un partido, ¿verdad? Pero, de hecho, un amplio estudio de la Universidad Brigham Young descubrió que la proporción de asistencias a pérdidas de balón predice mucho mejor el éxito.[2] Esto se debe a que muchas pérdidas de balón significan que los jugadores acaparan el balón para anotar, mientras que muchas asistencias significan que los jugadores no intentan encestar individualmente, sino conseguir la victoria colectiva.

En los negocios, también, aquellos que sólo se preocupan por su éxito individual no llegarán muy lejos. Piensa en el empresario hipercompetitivo que pisoteó a sus cofundadores, se aprovechó de sus empleados y engañó a sus inversores, sólo para finalmente llevar su empresa a la ruina. O piensa en la actriz infantil que ganó su primer millón a los catorce años, pero está en rehabilitación a los dieciséis, con los mejores días de su carrera atrás. O el atleta arrogante que gana el trofeo para su equipo un año, luego lo envían al banquillo en el segundo año por no jugar bien con los demás. Con demasiada frecuencia, nos centramos tanto en mostrar nuestras fortalezas individuales que subesti-

---

2. www.deseretnews.com/article/695226634/Statisticallyspeaking-BYU-study-shows-assists-teamwork-important-to-winningon-court.html

mamos la mayor fuerza que proviene de las personas con las que nos rodeamos.

En un estudio fascinante, investigadores de Harvard analizaron una muestra de 1052 analistas de inversión que competían en la cima de su carrera. Les iba de maravilla. Habían encontrado la manera de triunfar en un trabajo difícil y competitivo. Se sentían como superestrellas. Luego, los investigadores analizaron qué sucedía cuando esos analistas eran transferidos a un nuevo equipo en un nuevo banco o se marchaban para obtener un salario más alto en otro. Si el éxito se basa en el individuo –coraje, trabajo duro, inteligencia, etc.–, entonces esos analistas estrella deberían haber podido desempeñarse igual de bien en sus nuevos entornos y seguir cosechando éxitos ininterrumpidos. Pero no fue así. Un impresionante 46 % de estas estrellas se desmoronó. Simplemente no pudieron replicar sus éxitos en el nuevo banco. Y no sólo a corto plazo; los investigadores descubrieron que cinco años después, los analistas seguían sin rendir al mismo nivel que antes. Dejaron de ser superestrellas en cuanto dejaron atrás a la constelación de personas que les habían permitido brillar.

Incluso juntando a un montón de estrellas, no necesariamente se ha creado un equipo ganador. Uno de los mejores ejemplos lo destaca Mark de Rond en un artículo para *Forbes*,[3] quien describe cómo el Real Madrid gastó 400 millones de euros (piénsalo por un momento) en el grupo de estrellas más increíble: Ronaldo, Beckham, Zidane y otros. Y luego, de 2004 a 2006, uno de los equipos más caros de la historia del fútbol tuvo sus peores temporadas. Mientras tanto, entre 2000 y 2006, los Athletics de Oakland fueron los equipos de béisbol que menos dinero gastaron en fichajes en la MLB, sin derrochar en jugadores superestrella, y aun así ganaron más partidos que casi cualquier otro equipo durante ese período. Puede que no tuvieran la mayor cantidad de jugadores estrella, pero sí contaban con el mejor sistema de estrellas.

Las empresas (y las escuelas) que recompensan sistemáticamente los logros individuales en realidad están socavando sus tasas de éxito, afirma Peter Kuhn, profesor de Economía en la Universidad de California

---

3. https://www.forbes.com/2010/08/05/teams-teamwork-individuals-leadership-managing-collaboration.html

en Santa Bárbara. Él y su equipo descubrieron que los programas de compensación basados en el desempeño individual creaban una «cultura de traiciones y de acaparamiento de información entre colegas».[4] Descubrieron que los hombres eran especialmente propensos a trabajar de manera individual para alcanzar sus metas porque asumían que eran mejores que sus compañeros. Pero cuando Kuhn se asoció con Marie Claire Villeval, profesora de Economía del Centro Nacional de Investigación Científica, descubrieron que si se ofrecía a los empleados un aumento salarial del 10 % para unirse a un equipo en lugar de trabajar individualmente, se unían más hombres.[5] Los empleados hombres que ahora estaban incentivados a cooperar comenzaron a compartir más información y a dedicar tiempo a capacitar a sus colegas, lo que contribuyó a mejorar el éxito de sus equipos. Necesitamos dejar de recompensar únicamente el trabajo individual e incentivar el trabajo junto a otros.

Para lograrlo, debemos romper el círculo vicioso de la mentalidad del «yo, yo, yo» que vemos que infecta a nuestra sociedad. Debemos dejar de preguntarnos «¿Cuántos puntos conseguí?», y empezar a preguntarnos «¿Cómo ayudé a mi equipo a ganar?». Necesitamos cambiar nuestras estructuras de recompensas en el trabajo, el hogar y la escuela. Como escribió Steve Kerr, exdirector de aprendizaje de Goldman Sachs: «Los líderes esperan A (colaboración) mientras recompensan B (logros individuales). En cambio, deben aprender a identificar y recompensar a quienes logran ambas cosas».[6]

Buscar la victoria colectiva no sólo nos ayuda a desempeñarnos mejor a corto plazo, sino que también nos permite mantener la resiliencia a lo largo del tiempo. Cuanto más interconectados estemos, más amortiguarán otras personas un solo revés o evento negativo. De manera similar, cuantas más personas tengamos en nuestro ecosistema con las que compartir el estrés, los desafíos o las cargas, más ligeras serán esas cargas para cada individuo. Ocasionalmente, los jugadores superestrella cargarán al equipo sobre sus hombros durante los últimos dos minu-

---

4. www.businessinsider.com/teams-more-productive-than-individuals-2013-8
5. https://www.fastcompany.com/3020561/why-women-collaborate-men-work -alone-and-everybodys-mad
6. Cross, R., Rebele, R., y Grant, A., «Collaborative Overload», *The New York Times*, enero-febrero de 2016.

tos antes de que se acabe el tiempo. Pero la única razón por la que tienen la fuerza para hacerlo es que compartieron el gasto de energía durante todo el partido. En el trabajo, la vida, los deportes o en cualquier otro lugar, la manera de ganar es crear un sistema en el que los miembros puedan ayudarse entre sí, apoyarse y mejorarse mutuamente.

La conclusión de una década de mi trabajo es clara. Puedes ser una superestrella; simplemente no puedes serlo solo. Lo que necesitas es un sistema estelar: una constelación de influenciadores positivos y auténticos que se apoyan, se refuerzan y se hacen mejores mutuamente.

Las personas que nos rodean importan muchísimo. Y aunque no podemos elegir a nuestra familia ni a todas las personas con las que trabajamos, sí PODEMOS elegir estratégicamente RODEARNOS de personas que nos impulsen en lugar de desanimarnos. En este capítulo aprenderás a *crear de manera consciente tus conexiones* para construir un mundo de estrellas donde puedas brillar con todo tu potencial. Sólo requiere tres pasos clave:

ESTRATEGIA N.º 1: Aprovecha el poder de la presión positiva del grupo.
ESTRATEGIA N.º 2: Crea equilibrio a través de la variedad.
ESTRATEGIA N.º 3: Crea vínculos recíprocos.

En su brillante libro *Una breve historia de casi todo,* Bill Bryson bromea diciendo que sólo puedes leerlo porque todos tus antepasados lograron procrear. Si bien esto es técnicamente cierto, creo que hay una consecuencia: estás leyendo este libro porque alguien te ayudó a aprender a leer.

Además, estás leyendo este libro porque alguien te inspiró a seguir aprendiendo. Porque alguien te mostró lo que significaba tener éxito y quisiste emularlo. Porque alguien te enseñó que podías alcanzar tu máximo potencial y te ayudó a adquirir las herramientas necesarias para lograrlo.

En el mundo hiperconectado de hoy, necesitamos personas así más que nunca. Por eso, el primer paso para crear un sistema de estrellas es buscar personas positivas que nos inspiren y nos enseñen a ser mejores.

ESTRATEGIA N.º 1: APROVECHA EL PODER DE LA PRESIÓN POSITIVA DEL GRUPO

Ahora sabemos que nuestros rasgos individuales son modelados por las personas que nos RODEAN. Esto es especialmente cierto en el ámbito laboral, ya que la naturaleza del trabajo se vuelve cada vez más colaborativa. A medida que más empresas migran de oficinas cerradas a espacios de trabajo compartidos o abiertos, de las llamadas telefónicas a las videoconferencias, del correo electrónico a las aplicaciones de mensajería. Además, en una época en la que tenemos acceso 24/7 a redes sociales y noticias que se actualizan de manera constante, literalmente, cada segundo, nuestra exposición a la energía ajena, ya sea positiva o negativa, es mayor que nunca. Y cuanto más la absorbemos, mayor es el impacto en nuestra motivación, compromiso, rendimiento y en nuestro Gran Potencial.

Nos preocupamos tanto por la presión negativa de los compañeros (ya sea de los compañeros de trabajo tóxicos que nos contagian con su pesimismo, los compañeros de clase que constantemente meten en problemas a nuestros hijos o los amigos ricos que nos presionan para que nos vayamos de vacaciones que no podemos pagar) que a menudo nos olvidamos por completo del poder de la presión positiva de los compañeros.

Así como rodearnos de personas negativas y desmotivadas nos quita energía y potencial, rodearnos de personas positivas, comprometidas, motivadas y creativas multiplica nuestra positividad, compromiso, motivación y creatividad. En mi trabajo con empresas, creé una fórmula para destacar el principio básico de esta estrategia:

Gran Potencial = atributos individuales x (influencias positivas − influencias negativas)

Para progresar no se trata de conectar con gente que tiene éxito. Tampoco se trata de rodearse de gente que siempre parezca alegre y feliz. Eso no es lo que quiero decir con «positivo». Se trata de rodearse de gente con rasgos positivos que puedan impulsar tu potencial, y tú el de ellos. Mientras que las personas negativas te quitan energía, las personas positivas te dan energía cuando estás bajo de energía, lo que te ayuda a resolver problemas, afrontar retos y trabajar para alcanzar tus metas de forma más eficaz. Por ejemplo, contraté al neurocientífico Brent Furl de Texas A&M para que se uniera a nuestro equipo, no sólo porque es un investigador brillante, sino porque podíamos reunirnos para jugar al tenis y conversar sobre espiritualidad. Tener a alguien cerca que medita dos horas al día y que es un gran atleta me da ganas de meditar y hacer más ejercicio, que es la presión positiva de grupo que apenas estamos empezando a comprender a través de la investigación.

Por ejemplo, investigadores de la Universidad de Pensilvania (UPenn) demostraron cómo la influencia de los compañeros puede afectarnos de forma positiva mediante la creación de programas de mentoría en cascada, en los que estudiantes universitarios enseñan informática a estudiantes de secundaria, quienes a su vez enseñan a estudiantes de preparatoria.

Al evaluar el programa, los investigadores descubrieron que el simple hecho de observar cómo los estudiantes universitarios más populares dominan el material inspira a los estudiantes de preparatoria a hacer lo mismo; y, a su vez, el entusiasmo de los estudiantes de preparatoria más importantes a quienes idolatran inspira a los estudiantes de preparatoria a estudiar más y aprender más. En resumen, las mismas influencias sociales que pueden llevar a un adolescente a conducir de manera más imprudente, faltar a clase o participar en diversas conductas inseguras pueden canalizarse hacia la «presión de grupo» para que ese mismo adolescente desee aprender.

En el ámbito laboral, la presión positiva de grupo es tan beneficiosa para los resultados que algunas empresas están revirtiendo o reduciendo las políticas de teletrabajo que fueron tan populares durante muchos años. Sospecho que muchos de los lectores de este libro trabajan a distancia. Estoy en la misma situación; doy cien charlas al año por todo el mundo y viajo a ver a mis clientes para realizar investigaciones, así que no tengo oficina, a menos que cuentes mi asiento de avión. Pero a la luz de nuestra nueva comprensión del Gran Potencial, estoy… estoy trabajando para poner fin a mi teletrabajo, al igual que muchas empresas gigantes, desde IBM hasta Yahoo, Aetna y Bank of America.

Tomemos, por ejemplo, IBM, que en 2017 dejó de dar a los empleados la opción de trabajar de manera remota. Me parece fascinante que la empresa que no sólo lideró la tendencia del teletrabajo, sino que también nos dio gran parte de la tecnología para hacerla posible, haya cambiado de rumbo por completo. IBM fue famosa por defender la idea del trabajo remoto una vez que se dieron cuenta de que les permitiría reducir su espacio de oficina en unos 6 millones de metros cuadrados y vender ese espacio por una ganancia de 1,9 mil millones de dólares.[7] En un momento dado, el 40 % de los trabajadores de IBM podían trabajar desde casa o de manera remota. Incluso defendieron una investigación que decía que trabajar desde casa era una buena idea. Pero ahora han llegado a la conclusión de que las personas trabajan más rápido, son más creativas y colaboran más cuando están rodeadas de otras personas.[8] Ésta no es una decisión intrascendente. En primer lugar, el espacio de oficina es caro. En segundo lugar, a la gente le gusta trabajar desde casa, lo que significa que la empresa probablemente perderá talento, que es caro de reemplazar.

Aunque la sabiduría popular asume que se trabaja más horas cuando se trabaja a distancia (porque la jornada no tiene fin), un nuevo estudio ha descubierto que el aumento marginal en la productividad no se compara con la innovación, la creatividad, la conexión social, el compromiso y la lealtad a la empresa que obtenemos de nuestros compañeros simplemente por estar en el mismo espacio físico. Cuando se les preguntó cuántas personas teletrabajan en Google, su director financiero respondió: «El menor número posible».[9] En el mundo moderno, nuestro factor limitante no es cuánto hacemos, sino lo poco que conectamos de manera significativa.

Además, trabajar con un grupo positivo de personas puede hacerte más positivo, y Gallup descubrió que los trabajadores positivos y comprometidos cometen un 60 % menos de errores, tienen un 49 % me-

7. http://money.cnn.com/2017/05/19/technology/ibm-work-at-home/index.html? iid=ob_homepage_tech_pool

8. https://www.wsj.com/articles/ibm-a-pioneer-of-remote-work-callsworkers-back-to-the-office-1495108802?mg=id-wsj

9. https://qz.com/924167/ibm-remote-work-pioneer-is-callingthousands-of-employees-back-to-the-office/

nos de accidentes y una tasa de ausentismo mucho menor (un 67 % menor). Además, es mucho más agradable estar con ellos, lo que significa que todos, desde compañeros hasta clientes y esas conexiones más informales, pero no menos importantes, quieren trabajar y hacer negocios con ellos.

Si la positividad y el optimismo son «contagiosos», es lógico que rodearse de influenciadores positivos en la vida personal también tenga innumerables beneficios. Investigaciones sobre hombres optimistas no sólo revelaron que disfrutaban más de sus relaciones, sino que sus esposas también reportaron mayores niveles de felicidad en ellas.[10] Los padres optimistas suelen criar hijos optimistas, quienes, a su vez, serán influencias positivas fantásticas para sus compañeros (recuerda que los efectos del contagio social comienzan a los tres años). Los optimistas manejan mejor las crisis de pareja, son padres más implicados y cariñosos,[11] y son más resilientes. Investigaciones sobre madres mexicanas revelaron que el optimismo predecía la capacidad de lidiar con el estrés económico al llegar a Estados Unidos.[12] Cuando ocurren cosas malas, como la pérdida de un trabajo por un período prolongado, los influenciadores positivos pueden mantener una mayor satisfacción vital.[13]

Dado lo contagiosa que es la negatividad, rodearse de optimistas es como vacunarse contra el estrés y la apatía. Por lo tanto, nuestra primera tarea es buscar personas positivas que nos ayuden a perfeccionar

---

10. Smith, T. W. *et al.*, «Optimism and pessimism in social context: An interpersonal perspective on resilience and risk», *Journal of Research in Personality* 47, 553-562, 2013, doi:10.1016/j.jrp.2013.04.006.

11. Andersson, M. A., «Identity crises in love and at work: Dispositional optimism as a durable personal resource», *Social Psychology Quarterly* 75, 290-309, doi:10.1177/0190272512451753; Heinonen, K. *et al.*, «Parents' optimism is related to their ratings of their children's behaviour», *European Journal of Personality* 20, 421-445, 2012, doi:10.1002/per.601.

12. Taylor, Z. E., Widaman, K. F., Robins, R. W., Jochem, R., Early, D. R. y Conger, R. D., «Dispositional optimism: A psychological resource for Mexican-origin mothers experiencing economic stress», *Journal of Family Psychology* 26, 133-139, febrero de 2013.

13. Duffy, R. D., Bott, E. M., Allan, B. A. y Torrey, C. L., «Examining a model of life satisfaction among unemployed adults», *Journal of Counseling Psychology* 60 (1), 53-63, 2013.

nuestras herramientas y a desarrollar nuestras fortalezas, tanto en el trabajo como en la vida. Antes de fallecer, Jim Rohn, el autor de éxito de libros motivacionales, explicó que construyó su negocio sobre la idea de que «eres el promedio de las cinco personas con las que pasas la mayor parte del tiempo». ¿Quiénes son las cinco personas con las que pasas la mayor parte del tiempo? Ahora haz un diagrama de Venn muy rápido de tu vida con tres círculos: ¿quién me hace sentir bien? ¿Quién me fortalece? ¿Quién me hace esperar más? Y ahora, piensa: ¿cuáles de tus cinco personas encajan en las tres categorías? Éstos son tus influenciadores positivos. Lo más probable es que sean personas conscientes de sí mismas, abiertas, compasivas, presentes, resilientes y optimistas.

Existe una famosa frase: «Una esposa feliz es una vida feliz». Pero también lo es un hijo feliz, un mejor amigo feliz, un compañero de oficina feliz, un jefe feliz… La clave está en buscar personas que saquen lo mejor de ti, no el estrés que llevas dentro.

Y en realidad existen beneficios en rodearte de gente positiva aunque no la conozcas en persona. En ciertas etapas de mi vida fui introvertido, así que cuando me mudaba a una ciudad nueva donde aún no había hecho amigos, llevaba conmigo a mis influenciadores positivos: autores como C. S. Lewis, Hermann Hesse, Brandon Sanderson y Patrick Rothfuss. Eres lo que lees. Y la ciencia lo confirma. Investigadores de Dartmouth y Ohio State descubrieron que cuando te sumerges en profundidad en un libro, puedes comenzar no sólo a identificarte con el personaje principal, sino a asumir algunas de sus características y rasgos.[14] Por ejemplo, si lees un libro sobre alguien con una fuerte conciencia social, tu probabilidad de hacer algo socialmente responsable aumenta. Claro que este fenómeno tiene una desventaja: antes me encantaba ver series como *Breaking Bad,* pero, siendo sincero, después de verlas no me sentía tan bien. Ahora no quiero adentrarme en mundos ficticios que glorifican lo negativo, porque descubro que tienen consecuencias reales en mi estado de ánimo y mi autoimagen. En cambio, me inclino por cosas que me hacen sentir más fuerte, más inteligente y mejor, no enfadado, desilusionado y reactivo.

---

14. https://hbr.org/2015/09/the-unexpected-influence-of-stories-told-atwork

Así que, siempre que sea posible, procura rodearte de libros, revistas y otras formas de expresión escrita que te inspiren y animen, en lugar de aquellas que invitan a tu vida a la negatividad. Lo mismo se aplica a la música y los pódcast que llevas contigo en el teléfono: ¿te hablan constantemente a través de tus auriculares y altavoces de forma positiva, optimista y amable? Cuanto más te rodees de voces positivas, más fácil será mantener e incluso amplificar el cambio positivo.

ESTRATEGIA N.º 2: CREA EQUILIBRIO A TRAVÉS DE LA VARIEDAD

Cuando Michelle y yo nos casamos, compré mi anillo de bodas en Amazon.com por 15 dólares. Luego compré mi anillo de bodas de reemplazo por otros 15 dólares en Amazon. Menciono esto para darte una imagen mental que contraste con el anillo que llevo en la otra mano: un anillo de 150 dólares que diseñé con el dinero que gané al vencer en mi liga de fútbol *fantasy*. Coronado con «diamantes» seguramente auténticos, estampado «Shawn» en un lado y «Genius» en el otro, y con una inscripción con letras fluidas en el interior, es un impresionante monumento a la incomodidad, sobre todo porque costó literalmente diez veces más que mi anillo de bodas.

Si nunca has jugado al fútbol americano *fantasy*, te explicaré lo básico. Durante la selección de jugadores, el objetivo es completar el equipo con una variedad de jugadores y posiciones: un *quarterback*, algunos corredores y receptores buenos, un ala cerrada, un pateador y algunos defensas. Esto refleja la realidad en los deportes: un equipo compuesto exclusivamente por *quarterbacks* superestrellas no puede… realizar una sola jugada, y mucho menos ganar el partido. Ya sabemos que en los deportes, como en la vida, no se puede ser una superestrella en solitario. Esto nos lleva a un principio simple, pero a menudo pasado por alto, que se aplica tanto a los deportes de fantasía como a tu red de influenciadores positivos: cuanto más variado y diverso sea tu equipo, mejor.

Según la teoría de la evolución, la clave para la supervivencia es la biodiversidad. Cuanto más diversa sea la composición genética de una especie, más resiliente será frente a las enfermedades y otras fuerzas de la naturaleza. De igual manera, cuanto más diversa sea tu red de apoyo social, más resiliente serás cuando la vida te presente un desafío. Por eso, debemos tomarnos un momento para analizar mentalmente la composición genética de nuestras relaciones. ¿Estás rodeado sólo de personas iguales a ti, de tu misma raza, género, ideología política, intereses y ambiciones? Si es así, estás limitando tu potencial y tu crecimiento.

Pero la diversidad no consiste en cosas como la edad, el género o incluso el trabajo. En un estudio publicado en la *Harvard Business Review*, Alison Reynolds y David Lewis evaluaron a seis equipos con un modelo matemático que medía su «diversidad cognitiva»; es decir, lo diferentes o similares que eran sus pensamientos. Dos personas podrían provenir de dos culturas completamente diferentes o trabajar en dos campos completamente distintos, pero pensar de manera similar; o dos personas podrían haber crecido en la misma ciudad y trabajar en la misma industria, pero pensar de maneras muy distintas. Resultó que, a mayor diversidad cognitiva, mejor resultaba. Los equipos con mayor diversidad cognitiva no sólo obtuvieron las puntuaciones de rendimiento más altas, sino que los dos grupos con menor diversidad no superaron las pruebas de rendimiento.[15]

Muchos equipos y empresas se resisten a fomentar la diversidad por temor a conflictos o fricciones en las relaciones; asumen que las personas demasiado diferentes tendrán dificultades para colaborar. Otro estudio, resumido en la *Harvard Business Review,* reveló no sólo que estos temores eran exagerados, sino que incorporar a alguien externo a un equipo mayoritariamente homogéneo duplicaba las posibilidades del equipo de resolver un problema complejo, y que esto ocurría precisamente porque la relación generaba fricción.[16] Si bien las personas perciben la colaboración como más desafiante cuando los equipos son diversos, los investigadores concluyeron que añadir diversidad cognitiva genera mejores resultados porque obliga a las personas a salir de su

---

15. https://hbr.org/2017/03/teams-solve-problems-faster-when-theyremore-cognitively-diverse
16. https://hbr.org/2016/09/diverse-teams-feel-less-comfortable-andthats-why-they-perform-better

zona de confort y a considerar perspectivas e ideas que tal vez no habrían considerado, o con las que ni siquiera estarían de acuerdo.

La investigación sobre la diversidad cognitiva siempre ha hecho que me pregunté: ¿y si realizáramos exámenes estandarizados como el SAT (Scholastic Aptitude Test), el LSAT (Law School Admission Test), el GRE (Graduate Record Examination) o el GMAT (Graduate Management Admission Test) en grupo, en lugar de hacerlo de forma individual? Cuando sugiero esto a la gente, inmediatamente todos temen que las personas menos inteligentes bajen su puntuación (lo cual es gracioso, porque estadísticamente, para al menos el 50 % de los examinados, la otra persona mejoraría su resultado). Sin embargo, dado que cada persona tiene fortalezas cognitivas diferentes, ¿no obtendríamos mejores resultados si nos emparejaran con alguien que complementara nuestras habilidades?

Algunos argumentarían que la finalidad de los exámenes estandarizados es medir la aptitud individual, pero como ahora sabemos que el desempeño individual en una prueba es en realidad un predictor muy débil del éxito en la universidad o en estudios de posgrado, ¿para qué seguir con exámenes individuales? ¿No sería más representativo de la mayoría del trabajo que se realiza en el mundo real con un título avanzado resolver problemas junto con un grupo de personas?

Cuanto más diverso sea tu ecosistema, más fuerte y resiliente será. Al permitir la entrada de influencias que antes faltaban, como los lobos que fueron introducidos en Yellowstone, podemos protegernos mejor de las amenazas. Además, cuanto más diversa sea tu red, mejor podrás generar serendipia. En *El factor suerte,* el doctor Richard Wiseman argumenta que la clave de la «suerte» es variar tus relaciones y rutinas para tener acceso a nuevas ideas y posibilidades. Tener demasiadas personas similares en tu red significa que estás dejando todo tipo de puertas sin abrir y todo tipo de oportunidades sin aprovechar. Si tienes doce buenos amigos en el trabajo y todos son de contabilidad, por ejemplo, nunca te enterarás de esa vacante en el departamento de *marketing* ni te invitarán a trabajar en esa gran iniciativa con el equipo de desarrollo de proyectos.

Pero no basta con cultivar un sistema estelar de personas diversas, también conviene elegir personas que tengan diversos *propósitos* en la vida. Para ello, sugiero buscar una combinación de tres tipos de influenciadores positivos: pilares, puentes y extensores.

Los pilares son quienes te apoyan en los momentos difíciles. Son las personas que te respaldan sin importar lo que pase: el mejor amigo leal que lo deja todo para ir a tu casa a altas horas de la noche con helado, el mentor en el trabajo que te animará para un ascenso o una cuenta importante, el compañero de equipo que te ayudará cuando estés sobrecargado o luchando por mantenerte a flote. Deberías tener muchas otras personas en tu vida que te impulsen y te hagan responsable de tus acciones, pero también necesitas fuentes de apoyo y aceptación incondicional.

Los puentes son conectores con nuevas personas o recursos fuera de tu ecosistema actual. Un puente puede ser la persona que te invite a un club, comité o liga de baloncesto, o quien te presente a inversores que podrían estar interesados en financiar tu proyecto. Sabrás que alguien es un puente si sus conexiones y recursos no coinciden completamente con los tuyos. Y ten en cuenta que una persona no necesariamente debe tener un estatus social alto para ser un puente hacia personas u oportunidades con alto potencial.

Uno de los mayores errores que comete la gente es centrarse demasiado en la jerarquía tradicional al buscar nuevos contactos o nuevas perspectivas. Vi de primera mano los peligros derivados de eso cuando trabajé con una gran empresa de comercialización, cuyos altos directivos luchaban por mejorar la eficiencia de su almacén de preenvío; un lugar, me sorprendió descubrir, que algunos de los responsables de estrategia y consumo nunca habían visitado. Así que sugerí una visita al almacén, y fue sorprendente la cantidad de ideas creativas que los responsables de almacén les dieron a los líderes para que las llevaran a la sede central. Una vez que los ejecutivos vieron más allá de la jerarquía oficial y reconocieron a los responsables del almacén como expertos con un profundo conocimiento de las operaciones diarias, estuvieron mucho mejor preparados para resolver los complejos problemas logísticos a los que se enfrentaba el negocio.

Así como las buenas ideas pueden surgir de cualquier parte, el acceso a las oportunidades no tiene que ver con sólo ser el mejor amigo de personas en puestos importantes. En la década de 1960, el sociólogo

Mark Granovetter escribió un artículo basado en su investigación sobre cómo las personas encontraban trabajo. Descubrió de manera repetida que no eran los amigos cercanos, sino simplemente los conocidos, quienes les ayudaban a conseguir trabajo.[17] Añadir algunos vínculos débiles a tu red, independientemente de su estatus, aumenta tu potencial para convertir una oportunidad en realidad.

Los extensores son influenciadores positivos que te impulsan a salir de tu zona de confort. Podría ser un mentor o un amigo con habilidades o personalidad muy diferentes a las tuyas. Por ejemplo, yo soy tímido e introvertido, así que necesito que mis amigos extrovertidos me ayuden a organizar actividades sociales y me animen a probar nuevas experiencias. Y como tiendo a realizar varias tareas a la vez y a perseguir muchos proyectos a la vez, necesito que mis amigos, más centrados y detallistas, me frenen cuando voy a toda velocidad hacia un objetivo.

A menudo nos sentimos atraídos por personas como nosotros, lo que crea una caja de resonancia que limita nuestra exposición no sólo a ideas y perspectivas diferentes, sino también a experiencias nuevas y distintas. Los médicos que sólo socializan con otros médicos, por ejemplo, podrían no salir nunca de su zona de confort para asistir a clases de arte o cocina. Los fanáticos del deporte que sólo se juntan con otros fanáticos del deporte podrían no salir nunca de su zona de confort para ir a ver a una orquesta sinfónica. De hecho, las investigaciones demuestran que capitalizar la diversidad requiere aceptar las diferencias de las personas, sobre todo cuando hacerlo causa incomodidad o hace que éstas se sientan amenazadas.

La clave del liderazgo no reside en la planificación ni el posicionamiento, reside en las personas. Cuando Jim Collins y su equipo de investigación estudiaron a líderes empresariales destacados, esperaban que los líderes transformacionales, de buenos a excelentes, que habían seleccionado comenzaran con visión y estrategia. En cambio, descubrieron que los líderes «prestaban atención a las personas primero, y a la estrategia después». Como líder, tu desempeño está interconectado

---

17. Granovetter, M. S., «The strength of weak ties», *American Journal of Sociology* 78, 1360-1380, 1973.

con el de las personas de tu equipo. Cuanto más diverso sea el equipo, mejor.

Así que, a partir de hoy, durante la próxima semana, proponte hablar con alguien con quien no habrías hablado en tu entorno, ya sea con un simple «¿Cómo estás?» o para quedar para comer o tomar un café. Haz un esfuerzo por acercarte a cualquiera que suelas evitar poniéndote el móvil en la oreja. Y trata de tomarte el tiempo para conocer a gente que te saque de tu zona de confort: gente «diferente», no sólo en cuanto a raza o género, sino también que piensa diferente. Podría ser la mujer de tu equipo que siempre tiene ideas disparatadas pero «lo suficientemente locas como para funcionar», el familiar con ideas políticas con el que no estás de acuerdo o el vecino mayor con una historia y experiencias de vida únicas. La lección fundamental de esta estrategia es que tenemos algo que aprender de todos, siempre y cuando aprendamos a escucharlos de verdad y a conectar con ellos.

Y, por último, intenta ayudar a quienes forman parte de tu ecosistema a conectar también con otros. La teoría de redes aleatorias demuestra que «a medida que el número promedio de enlaces por nodo en nuestra red aumenta más allá del crítico, el número de nodos que quedan fuera del clúster gigante disminuye exponencialmente».[18] Es decir, cuantas más conexiones añadimos a nuestra red, más difícil es encontrar un nodo que permanezca aislado. Cada vez que ayudamos a quienes nos rodean a ampliar la variedad de personas en su vida, incluso conociendo a una sola persona más, fortalecemos de forma drástica todo el sistema. Cuantos más nodos tengas, menos probabilidades tendrás de que alguien se quede atrás y, por lo tanto, mayor será tu resiliencia en tiempos difíciles. Recuerda que la biodiversidad es el alma de nuestras relaciones, y que cuanto más fuerte y diversa sea tu red, más apoyo tendrás para alcanzar tu Gran Potencial.

18. Barabási, Albert-László, *Linked: How Everything Is Connected to Everything Else and What It Means for Business, Science, and Everyday Life*, Plume, Nueva York, 2003.

ESTRATEGIA N.º 3: CREAR VÍNCULOS RECÍPROCOS

Antes he descrito cómo, durante el tiempo que sufrí depresión, necesitaba abrir las puertas de mi muralla y realmente dejar que la gente entrara. Las relaciones unidireccionales no te dan el «superimpulso» de energía para desarrollar o mantener el potencial por mucho tiempo. Sabes de lo que hablo cuando digo «amigos unidireccionales». Son esas personas en tu vida que quieren contarte todo sobre sus problemas de relación o lo que los frustra en el trabajo, pero cuando los necesitas, no están interesados o están ausentes. Por la misma razón, depende de ti no ser esa persona con tus colegas, familia y amigos. En cambio, quieres encontrar un equilibrio entre desnudar tu verdadero yo y ser un buen oyente cuando otros muestran el suyo. Las mejores relaciones se construyen sobre vínculos recíprocos: la clave final para un buen sistema estelar.

Es tentador contactar a las personas de nuestras redes sólo cuando necesitamos algo, pero para aprovechar al máximo la relación, deberíamos adoptar el hábito de acercarnos para ofrecerles algo. Como descubrió Robert Cross de la Universidad de Virginia: «Las relaciones recíprocas también tienden a ser más fructíferas; los líderes más exitosos siempre buscan maneras de dar más a sus contactos».[19] Si deseas profundizar en este tema, no hay razón para reinventar la rueda. El libro *Give and Take* de Adam Grant es el mejor para aprender cómo te ayuda ayudar a los demás. «Cuando los que reciben ganan —escribió—, normalmente hay alguien más que pierde. Las investigaciones demuestran que las personas tienden a envidiar a los que reciben con éxito y buscan maneras de derribarlos. Por el contrario, cuando los que dan… ganan, la gente los alienta y los apoya, en lugar de dispararles. Los que dan tienen éxito de una manera que crea un efecto dominó, mejoran el éxito de las personas que los rodean».

Cuanto más recíproca sea la relación, mayor será su impacto en nuestra felicidad, compromiso y creatividad. En un estudio, investigadores evaluaron el impacto de los amigos reales en comparación con los amigos falsos en nuestro bienestar y felicidad. Cuando dos personas se

---

19. https://hbr.org/2011/07/managing-yourself-a-smarter-way-to-network

etiquetaban mutuamente como amigos, se consideraba una «amistad mutua», pero si sólo uno de ellos lo hacía, se denominaba eufemísticamente «amistad percibida». Los investigadores descubrieron que si un amigo mutuo cercano era feliz, la probabilidad de que una persona también lo fuera aumentaba en un 63 %. Sin embargo, si un amigo percibido cercano era feliz, esa persona sólo tenía un 12 % de probabilidades de ser feliz.[20] En mi opinión, hay algo bastante triste en una «amistad percibida».

Los vínculos recíprocos también fomentan la seguridad psicológica, que el estudio del Proyecto Aristóteles de Google concluyó como el ingrediente clave para el éxito de un equipo, y que importa mucho más que rasgos individuales como la creatividad, la determinación o la inteligencia. La profesora de la Harvard Business School, Amy Edmondson, define la seguridad psicológica como «la creencia compartida por los miembros de un equipo de que éste es seguro para la toma de riesgos interpersonales». Cuando las relaciones en un equipo son recíprocas, se infunde lo que Edmondson describe como «una sensación de confianza de que el equipo no avergonzará, rechazará ni castigará a nadie por hablar abiertamente». Un clima de confianza y respeto mutuo, donde todos se sientan cómodos siendo ellos mismos, es un ingrediente fundamental para cualquier equipo que se esfuerce por alcanzar el Gran Potencial.

Esta estrategia tiene un único inconveniente: la sobrecarga colaborativa. Al buscar el Gran Potencial, es fácil caer en la tentación de acumular tantas conexiones como sea posible. Pero cuando esas relaciones son recíprocas —es decir, aportamos lo que recibimos de ellas—, podemos correr el riesgo de excedernos. A pesar de lo que dicen la mayoría de los libros de autoayuda, las investigaciones demuestran que quienes simplemente conocen a mucha gente tienen menos probabilidades de lograr un rendimiento sobresaliente, porque están demasiado dispersos.[21] Esto es especialmente cierto en el caso de las personas con alto rendimiento, ya que cuanto más éxito tengas, más personas querrán tu tiempo.

20. www.bmj.com/content/337/bmj.a2338
21. https://hbr.org/2011/07/managing-yourself-a-smarter-way-to-network

De igual manera, Adam Grant coescribió recientemente un artículo que invita a la reflexión para la *Harvard Business Review,* junto con Rob Cross y Reb Rebele. En él, descubrieron, en un estudio de más de 300 organizaciones, que hasta un tercio de las colaboraciones de valor añadido provenían de entre el 3 % y el 5 % de las personas. Esto tiene sentido: una vez que alguien se hace conocido por ser un colaborador excepcional, todos quieren trabajar con él. Puede parecer positivo tener tanta demanda, pero de hecho, los investigadores descubrieron que cuando el número de colegas que demandan su tiempo ascendía a veinticinco personas o más, la satisfacción y la felicidad laboral se desplomaban. Escribieron: «Observamos que, a medida que el porcentaje de solicitantes que buscan más acceso [al colaborador excelente] supera aproximadamente el 25 %, esto perjudica el rendimiento tanto individual como grupal y se convierte en un fuerte predictor de la rotación voluntaria».

Lo he experimentado en carne propia. Antes aceptaba todas las invitaciones para dar una charla, atendía todas las llamadas para «una posible colaboración» y firmaba todas las propuestas de investigación, y de todo ello disfrutaba mucho.

Entonces, de repente, llegué a un punto crítico en el que me sentía tan sobrecargado de compromisos que no podía pasar una mañana sin decepcionar a varias personas, y siendo como soy alguien que busca complacer a los demás, eso me destrozó. Mientras buscamos el Gran Potencial, necesitamos limitar nuestra exposición a la «sobrecarga colaborativa», dejando de intentar ser todo para todos, y siendo estratégicos en cuanto a las personas con las que decidimos formar conexiones.

Uno de mis antiguos alumnos y buenos amigos se postuló una vez para presidente estudiantil de Harvard. Su humildad y humor lo hicieron increíblemente popular, pero debido a su participación en tantas colaboraciones para mejorar la universidad, se sobrecargó y sus calificaciones y trabajos comenzaron a decaer. Cuanto más se retrasaba, más postergaba las fechas límite para más adelante en el semestre, y a su vez, más se retrasaba. Lo que lo salvó al final fue exactamente lo que me salvó a mí en mi lucha contra la depresión: dejó que la gente entrara. Una vez que se abrió a sus profesores y les contó por lo que estaba pasando, encontraron suficiente compasión y comprensión por su situación como para darle mucha libertad. Muchas veces nos desgastamos intentando ser la estrella, pero las relaciones sólidas nos permiten alcanzar el mismo éxito sin el costo de la soledad, el aislamiento y el agotamiento.

Necesitamos vínculos recíprocos para crear un sistema estelar en el que realmente podamos brillar. Para encontrar personas dispuestas a ser abiertas, auténticas y generosas, la mayor prueba es que tú también estés dispuesto y seas capaz de serlo. Y si encuentras a esos superportadores, agárrate fuerte porque son de oro. El resultado no sólo será un mayor potencial para ti, sino también relaciones más profundas y significativas.

CIUDAD GRIS

Quienes me conocen bien saben que mi autor favorito e ídolo intelectual es C. S. Lewis, un hombre que poseía la rara habilidad de mantener complejas discusiones teológicas con los catedráticos de Oxford, a la vez que hacía que esa misma teología fuera significativa para un niño de seis años en su narrativa. Si bien me encanta toda su obra, la obra de Lewis que más ha influido en mi escritura ha sido *El gran divorcio,* una novela corta sobre personas que están en el purgatorio después de morir, o lo que él llama vivir en la Ciudad Gris. Al principio, la gente de la ciudad gris vivía muy cerca, pero a medida que surgían desafíos y dificultades en la comunidad, la gente construía nuevos hogares más lejos. Una vez que sentían que ese nuevo hogar estaba demasiado cerca de ese vecino entrometido, o de ese amigo «negativo», o de esa persona que no les devolvió la llamada la semana anterior, se mudaban un poco más lejos. Y luego más y más lejos. Muy pronto, cada pequeño desacuerdo o desaire percibido los hacía alejarse cada vez más. Como resultado, la gente del cielo veía la Ciudad Gris como una especie de infierno donde sólo experimentaban oscuridad, aislamiento, desconfianza y soledad. Pensé que ésta era una perspectiva acertada del infierno.

Tuve una vez una amiga que con frecuencia me decía que le gustaba hablar conmigo porque yo era positivo. Al principio me sentí halagado, pero luego, a medida que la fui conociendo mejor, noté que también tenía muchas historias sobre personas en el trabajo que eran negativas, que hablaban mal de otros, chismorreaban o eran tóxicas. O sobre camareros que supuestamente la ignoraban a propósito, exnovios perezosos que nunca la respetaron, o amigas que sentían envidia de ella.

Una vez viajamos juntos, y durante ese viaje ella tuvo una discusión con un hombre en el avión que no la dejaba salir de su asiento al aterrizar, se molestó porque pensó que la agente de viajes había sido grosera al no poder cambiar nuestro vuelo, y llamó al gerente del hotel para quejarse del ruido que hacían las camareras de habitación en el pasillo.

En manera aislada, cada una de aquellas cosas parecían motivos bastante normales y racionales para hacerla sentir molesta. Sí, las camareras de habitación hacían ruido. Sí, la agente de viajes podría haber sido más amable. Sí, el hombre debería haberla dejado salir primero de la fila de asientos. Pero consideradas en conjunto, quedaba claro que ella tenía un patrón de permitir que pequeñas cosas negativas se convirtieran en grandes problemas, mientras ignoraba los aspectos positivos en las relaciones o en las situaciones.

Como resultado, se estaba alejando de sus compañeros de trabajo, amigos, parejas y familiares. No sólo estaba desmantelando lentamente su ecosistema social, sino que también estaba creando su propio infierno privado. Utilizo esa expresión porque tiene un fuerte significado y porque sé lo horrible que puede ser sentirse tan solo y desconectado del mundo, después de haber pasado yo mismo por una depresión durante dos años. La depresión es una ciudad gris. E irónicamente, la mejor salida de esta ciudad gris es precisamente aquello que solemos rechazar: la conexión social. Todos los que conocemos tienen defectos e imperfecciones, y si buscas razones para sentirte decepcionado, aislado o frustrado, no es difícil encontrarlas. Para mí, la depresión era un síntoma de mi desconexión física, emocional y espiritual con los demás. Incluso Oprah, quien tiene más éxito material que nadie, no era inmune a la depresión y al eclipse momentáneo de significado. Cuando esto sucede, necesitamos a la gente a nuestro alrededor más que nunca. Como escribió Helen Schucman, y que luego apareció en *A Course in Miracles*: «Tu tarea no es buscar el amor, sino simplemente buscar y encontrar todas las barreras dentro de ti que has construido contra él».

Todos necesitamos momentos ocasionales de soledad, pero el verdadero significado, el éxito y la felicidad son imposibles si no estamos conectados con los demás. El Gran Potencial nos recuerda que sólo rodeándonos de otras estrellas podemos brillar de verdad.

CAPÍTULO 4

EXPANDE TU PODER

Lidera desde cada puesto

«SALVÉ UNA VIDA»

En diciembre de 2016, me llevaron a un lugar remoto del norte de California, en una mañana fría y lluviosa. Desconcertado por el motivo de nuestra aventura tan lejos de la ciudad, consultaba Google Maps cada vez con más frecuencia a medida que las vacas empezaban a reemplazar a los Starbucks. Entonces se me cortó la señal del móvil. Por fin, el coche se detuvo frente a lo que parecía un antiguo molino. Para mi sorpresa, el edificio interior y los terrenos, que antes tenían una función muy distinta, se habían transformado en un lugar para eventos que reconfortaban la vida, como bodas y reuniones. Esta profunda transformación parecía un símbolo de mi visita: para conocer un nuevo programa de Kaiser Permanente que había transformado a recepcionistas y demás personal de apoyo en profesionales médicos que salvaban vidas. Hasta el momento de nuestra reunión, este programa había salvado 471 vidas.

En la sala por lo general reservada a las novias y sus acompañantes, tuve el honor de reunirme con el doctor Sanjay Marwaha y Monica Azevedo, del Grupo Médico Permanente, quienes me hablaron del programa «Salvé una vida». Su enfoque era tan sencillo como innovador: empoderar a todos los empleados del hospital, incluso a personas sin formación médica, para que brindaran atención médica. Sé lo que estás pensando: «Aquí viene una demanda por negligencia médica». Pero debes escucharme.

En una organización de Bajo Potencial, existen compartimentos mentales muy claros sobre quién es capaz de liderar el cambio. Reprimidas por niveles jerárquicos, estas organizaciones crean una falsa dicotomía entre quienes tienen el poder de decidir, innovar o actuar y quienes deben seguir ciegamente. En el caso de la industria médica, es demasiado fácil concebir a médicos y enfermeras como «personal médico» y a administradores y recepcionistas como «personal de apoyo». Esto parece, a primera vista, una manera perfectamente lógica de delinear las tareas en un entorno hospitalario. Pero, como veremos, este tipo de pensamiento limita nuestra capacidad para aprovechar el Gran Potencial. Imagina que tienes dolor de oído. Acudes a tu médico de cabecera. Tras esperar media hora en la consulta, entra de golpe, te examina el interior de los oídos y te deriva a un otorrinolaringólogo. Pides cita para el examen de oídos, rellenas un montón de formularios, el médico te pregunta por tus oídos y pagas a la recepcionista por el examen. Todo esto parece normal porque tienes un problema con los oídos.

Pero ¿qué pasa si tu dolor de oído en realidad es causado por un virus que contrajiste porque la ansiedad que te mantiene despierto por la noche debilitó tu sistema inmunitario? Al fin y al cabo, eres un organismo interconectado, y hay muchas otras cosas que ocurren en tu cerebro y cuerpo en cualquier momento que podrían causarte dolor de oído. Sin embargo, como tu otorrinolaringólogo se especializa en oídos, es posible que no se le ocurra preguntarte sobre tu estado de ánimo o tus patrones de sueño, y no logre identificar la causa raíz del dolor. En un mundo donde los profesionales médicos se especializan cada vez más y se dividen en áreas cada vez más pequeñas, el equipo de Kaiser se preguntó: ¿cómo podemos dar un paso atrás y ver el panorama general?

La respuesta que encontraron fue bastante simple: romperían con la falsa dicotomía que rige en la mayoría de los hospitales del mundo y empoderarían a quienes no cumplen con el rol tradicional de «personal médico» para abordar problemas de salud que podrían pasar desapercibidos en una organización altamente jerárquica. Sabiendo que una de las herramientas más efectivas, y sin embargo infrautilizada, para mejorar los resultados de salud es la atención preventiva, el equipo de Kaiser decidió invitar y capacitar a recepcionistas y auxiliares para encontrar maneras de aumentar el número de pacientes que aprovechaban las opciones de atención preventiva.

Entonces, si llamabas para reservar una cita por cualquier motivo, incluso por dolor de oído, el representante del centro de llamadas podía primero verificar si ya tenías pendiente una prueba preventiva (mamografía, examen cervical o colorrectal) y luego preguntarte si deseabas reservar una cita. Lo mejor de este programa es que Kaiser empoderó a cualquier persona implicada en la supervisión, prestación o programación de atención médica, con o sin título médico, para contribuir al objetivo principal de la organización: mejorar la salud de los pacientes.

Y vaya si funcionó. Si una paciente acepta programarse una prueba de detección y se detecta un cáncer potencialmente mortal a tiempo para el tratamiento, se considera una vida salvada. Cuando Kaiser Permanente hizo un seguimiento de los resultados, descubrió que, de las 1179 mujeres diagnosticadas con cáncer de mama en sus hospitales desde el inicio del nuevo programa, un impresionante 40 % había programado la mamografía por sugerencia de algún miembro del personal no médico a través del programa «Salvé una vida». Una vida salvada habría hecho que el programa valiera la pena. Cuatrocientas setenta y una vidas salvadas es transformador.

Si te preguntara qué empleados esperarías que estuvieran entre los mayores héroes del hospital, probablemente no pensarías en los recepcionistas: un grupo de personas que nunca pisan el quirófano, que no extraen sangre, ni leen radiografías, ni siquiera ven a los pacientes en persona.

Y estos héroes a menudo están sentados en una silla de centro de llamadas rodeada de paredes de cubículos, lo que significa que, para persuadir a un paciente a que acuda a su evaluación, tienen que confiar en la conexión emocional, los datos y la narración, todo por teléfono. Y para hacerlo de manera eficaz, ante todo, deben creer que tienen el poder de generar un impacto. Es decir, deben poder decir: «Salvé una vida».

La clave del éxito del programa fue que permitía a cualquier persona ser líder, dejando de lado su puesto, título universitario o experiencia. En otras palabras, crearon un sistema donde las personas podían liderar desde cualquier puesto.

Independientemente de tu campo o tipo de 'trabajo, creer que tú también puedes liderar desde cualquier puesto multiplica tu potencial para generar cambios. Quienes intentan ser superestrellas por sí solos, quienes creen que sólo tienen el poder de generar cambios si ocupan un rol de liderazgo oficial, sólo alcanzarán un Bajo Potencial. Pero cuando todos en un sistema, sin importar su rol o posición oficial, comparten la tarea de generar cambios, prácticamente no hay límites a lo que se puede lograr. Necesitamos liberarnos de la tiranía de las etiquetas si queremos alcanzar un Gran Potencial.

Mucha gente cree que el liderazgo es un deporte individual, una carga que se asume en solitario. Sin embargo, intentar asumir toda la responsabilidad del liderazgo en solitario es la vía más rápida al agotamiento. Si dirigieras una sala de hospital y pensaras que el resultado de cada paciente recae sólo sobre ti, podrías sentir fatiga por compasión. De igual manera, si fueras gerente de ventas o director financiero y creyeras que tienes la responsabilidad exclusiva de la rentabilidad de tu empresa para los accionistas, sentirías un peso enorme. Si, como padre, sintieras que tienes que tomar todas las decisiones sobre el futuro de tu hijo adolescente, estarías creando un estrés relacional excesivo, innecesario e inútil. Piensa en la frecuencia con la que a los líderes de alto potencial se les ha dicho: «Si quieres que el trabajo se haga bien, tienes que hacerlo tú mismo». Esto no sólo es falso, sino que es la manera más rápida de limitar tus logros. Tu tiempo y energía son finitos, pero las exigencias sobre ellos son infinitas. Simplemente no puedes satisfacer esas exigencias a menos que AMPLÍES la responsabilidad y el trabajo de liderazgo a todos los que tienen un interés en la misión.

En la introducción de este libro, he descrito investigaciones derivadas de la neurociencia y la psicología positiva que revelan el costo exorbitante que supone para las personas y las organizaciones tratar el éxito como un juego de suma cero. Lo mismo ocurre con el liderazgo. Si crees que el liderazgo y la influencia son recursos limitados, otorgados sólo a quienes están en la cima, desactivas la parte de tu cerebro que podría estar buscando nuevas posibilidades u oportunidades para liderar. Este colapso cognitivo no sólo te impide ver cómo tienes el poder de generar cambios, sino que también reduce drásticamente tu energía, creatividad, felicidad y, en última instancia, tu efectividad. Si queremos un Bajo Potencial, debemos dejar el liderazgo en manos de los «líderes». Si queremos un Gran Potencial, debemos inspirar y capacitar a otros para liderar desde todos los puestos. Al abandonar la idea de que sólo ciertas personas tienen el poder de liderar, puedes amplificar de manera drástica no sólo tu propio poder, sino también el del grupo en su conjunto.

En el anterior capítulo, has aprendido a crear y fortalecer tu Ecosistema del Potencial rodeándote de personas con alto potencial. Aquí aprenderás a expandir tu definición de liderazgo y responsabilidad para que puedas liderar desde cualquier posición, a la vez que magnificas tu poder e influencia al empoderar a otros a hacer lo mismo. A través de historias sobre una escuela-fábrica fallida de Iowa y un novedoso experimento en una empresa tecnológica de 17 000 millones de dólares, así como de la investigación que he realizado en empresas y escuelas de todo el mundo, te mostraré los pasos que cualquiera puede dar para expandir su potencial en la vida y en el trabajo.

Todo comienza con el aprendizaje de la regla fundamental para expandir el poder: para que el poder se expanda, debe ser reconocido, deseado y reforzado.

¿Y qué mejor lugar para comenzar a ver la regla fundamental en acción que en el Distrito Escolar Cardinal?

¡LAS REGLAS FUNDAMENTALES!

En 2010, cuando buscaba su primer trabajo como superintendente escolar, Joel Pedersen recibió una oferta de trabajo del Distrito Escolar Comunitario Cardinal. Su reputación lo precedía; ubicado en el condado más pobre de los noventa y nueve de Iowa, Cardinal se encontraba entre el 10 % inferior de las escuelas a nivel nacional, según la clasificación de la Administración Obama. La escuela era considerada una «fábrica de fracasos», término utilizado en el documental *Waiting for*

«*Superman*» para referirse a una escuela que creaba barreras aún mayores al ascenso económico de sus graduados. Sus amigos y familiares más cercanos le aconsejaron que no aceptara el trabajo. Decían que el distrito escolar era tóxico y desesperanzador, y que seguramente se agotaría y se desilusionaría por completo de la carrera que había elegido antes incluso de empezarla. Pero Joel era optimista y no creía que la narrativa de Cardinal que escuchaba fuera la correcta. Él creía que si se lograba que todos en un ecosistema aceptaran la idea de que tienen el poder de crear cambios significativos, se podría aumentar el potencial y el rendimiento de todo el sistema y de cada individuo que lo integra.

Así que aceptó el puesto de superintendente. Ese año, mientras caminaba por un Barnes & Noble, Joel vio un libro con una portada naranja insoportable. Era mío. Empezó a leer *La ventaja de la felicidad,* lo que validó el enfoque que quería adoptar en Cardinal, y de inmediato comenzó a implementar cambios positivos como superintendente. Joel sabía que, para desarrollar su potencial como líder, necesitaba toda la ayuda posible. Así que lo primero que hizo fue identificar a quienes necesitaba tener a su alrededor: las personas con influencia positiva de la comunidad. Encontró a los profesores con un compromiso positivo y que aún creían en el poder de la educación, y los promovió a la presidencia de cada uno de los comités escolares importantes. Luego, con su ayuda, se propuso cambiar las mentalidades y los corazones de todo el ecosistema.

Cuando la mayoría de la gente piensa en quiénes tienen el poder en las escuelas, suele cometer el error de pensar sólo en maestros, directores y superintendentes. Pero cuando Joel pensó en quiénes eran las personas influyentes en Cardinal, su lista incluía no sólo a los maestros y la administración, sino también al personal de la cafetería, los bibliotecarios, los conserjes y los monitores.

La mayoría de las escuelas ofrecen capacitación ocasional a sus maestros y administradores de alto nivel, pero rara vez, o nunca, la capacitación en liderazgo se extiende a otros miembros del personal, igualmente importantes: los empleados que atienden a los estudiantes, como los conductores de autobús, los trabajadores de mantenimiento y los recepcionistas de la oficina del director. Tendría que empoderar a estas personas para que lideraran; pero sabía que primero debía ayudarlos a reconocer que eran líderes.

Así que se dirigió a todos los trabajadores del distrito escolar, y les dijo que cada uno de ellos, sin importar su cargo, función o nivel salarial, podría tener un impacto significativo no sólo en la cultura escolar, sino también en el futuro de los estudiantes. Luego, convirtió esas palabras en acciones. Animó a los conductores de autobús a escribir notas personales para alegrar el día a cada niño que las leyera. Invitó a los maestros sustitutos a participar en las capacitaciones docentes. Creó talleres para enseñar al personal del comedor los beneficios de la positividad. En resumen, se propuso empoderar a todos en su sistema estelar para que se convirtieran en superestrellas.

Los cambios ya empezaban a surtir efecto, pero Joel sabía que, para mantener el impulso inicial, necesitaba que la gente se sumara a este cambio cultural. Fue entonces cuando un folleto, impreso de nuevo en un naranja escandaloso, le llamó la atención. Era un anuncio de un taller público que la Asociación de Superintendentes Escolares (AASA por sus siglas en inglés) impartía sobre psicología positiva y una parábola que yo escribí titulada *La rana naranja*.

La parábola de la rana naranja fue inicialmente un libro infantil que escribí, sobre todo por diversión, durante un largo vuelo de regreso de Australia. Muchos padres habían escrito a la página web de mi empresa diciendo que deseaban que hubiera una manera de transmitir los conceptos de *La ventaja de la felicidad* a los niños mucho antes de que pudieran leer un libro lleno de investigación científica. Mi objetivo para el libro era inventar una historia, divertida y fácil de leer para los niños, sobre alguien que temía que ser positivo lo hiciera diferente, pero que al final descubrió lo ventajoso que era ser optimista.

El libro trata sobre una rana llamada Spark que vive en una isla poblada por ranas verdes. Spark es un paria entre ellas porque tiene una mancha naranja. Además de su extraña coloración, Spark es un optimista rodeado de pesimistas, y cuanto más intenta contagiar su positividad a las demás ranas, más naranja se vuelve, lo que la convierte en una paria aún mayor en la isla. A lo largo del libro, Spark descubre que su color naranja no sólo le protege de los depredadores de su ecosistema (las garzas, claro), sino que también es contagioso, y empieza a encontrar maneras de convertir a las demás ranas en naranjas. El propósito de la parábola, por supuesto, era mostrar cómo una sola persona positiva podía acabar creando un efecto dominó de positividad que infectaba a quienes la rodeaban.

Joel pronto se dio cuenta de que quería crear un efecto dominó similar en el Distrito Escolar Comunitario de Cardinal: uno que contagiara a todas las «ranas verdes» que trabajaban en las escuelas con la convicción de que eran líderes y que tenían el poder de ayudar a los estudiantes con dificultades a alcanzar su máximo potencial. Así que Joel diseñó el taller «Rana naranja» como la narrativa en torno a la cual uniría a todos en Cardinal.

El efecto dominó fue hermoso. No sólo los conductores de autobús, los maestros y el personal del comedor leyeron el libro, sino que pronto adoptaron una versión en novela gráfica de *La rana naranja* que creamos para que aulas enteras pudieran leerlo juntas. Los estudiantes pronto comenzaron a apropiarse del cambio creando clubes de actos de bondad espontáneos, donde salían a hacer cosas consideradas para los estudiantes que necesitaban un estímulo y un poco de ánimo. Tanto el personal como los estudiantes comenzaron a practicar la gratitud, la meditación y a escribir un diario. Ya fuera en el profesorado, en el personal de limpieza o de la cafetería, o detrás del escritorio de un aula, y ya tuvieran títulos superiores en educación o simplemente un diploma de bachillerato, estas ranas naranjas se convirtieron en verdaderos agentes de cambio. (Puedes ver un fantástico vídeo de la intervención en Cardinal en shawnachor.com, donde maestros antes desconectados corren y cambian el color de la escuela de un rojo de nivel de amenaza a un naranja brillante).

Trabajo con escuelas de todo el país, y muchas cuentan historias inspiradoras de profesores que marcaron la diferencia en la vida de sus alumnos. Sin embargo, lo que distingue a Cardinal es que contaban con datos que les permitían cuantificar el impacto de lograr que las personas lideraran desde cada puesto. Desde 2012, el promedio de las puntuaciones del ACT (American College Testing)[22] en la escuela secundaria Cardinal aumentó de 17 a 21 en tan sólo cinco años. Y en 2016, Cardinal

---

22. Prueba estandarizada utilizada en Estados Unidos para evaluar el nivel académico de los estudiantes de secundaria y su preparación para entrar en la universidad. *(N. del T.)*

se jactó de una tasa de graduación del 92 %. Éste sería un logro impresionante en cualquier escuela, pero para un distrito con bajos recursos, antes conocido como una «fábrica de fracasos», es realmente extraordinario. Joel es un educador superestrella, pero en lugar de cargar con todo el peso del cambio sobre sus hombros, lo expandió a través de un sistema estelar que brilló infinitamente más de lo que él podría haberlo hecho solo.

Gracias a los cambios que Joel y su equipo implementaron, las matrículas en la Preparatoria de Cardinal comenzaron a aumentar por primera vez en décadas. Padres que podrían haber optado por enviar a sus hijos a escuelas en los distritos más ricos, en realidad elegían la escuela en el condado más pobre porque creían que les brindaría una mejor educación. Finalmente, el condado decidió aprobar un bono de 5,3 millones de dólares para seguir invirtiendo en el impulso positivo de sus escuelas, y hoy los éxitos de Cardinal se están replicando en escuelas de Iowa, Arizona, Wisconsin, Michigan, Kentucky e Illinois. En Illinois, por ejemplo, el Distrito Escolar 54 de Schaumburg ya tenía una de las puntuaciones de rendimiento más altas del estado, pero el superintendente Andy DuRoss creía que podrían desarrollar aún más el potencial de sus estudiantes si lograban que todo el ecosistema funcionara con la misma frecuencia positiva. Así, en abril, él y la directora Amanda Stochl compartieron la investigación de «La rana naranja» con el personal, el profesorado y todos los estudiantes de la escuela Lincoln Prairie. Tras tan sólo veintiún días, descubrieron que el 91 % de los estudiantes se sentían más felices en la escuela, el 70 % más felices fuera de ella y el 85 % creía que aún podía aprender a ser más feliz. Además, el 96,3 % del personal docente y administrativo se sentía más positivo al final del proceso de tres semanas.

Joel y otros educadores como él pudieron transformar sus distritos escolares contra viento y marea, no sólo porque reconocieron su propio poder para efectuar cambios, sino porque entendieron cómo expandir ese poder para convertir a quienes los rodeaban en verdaderos creadores de cambios.

En este capítulo aprenderás cómo hacer lo mismo siguiendo cuatro estrategias clave:

ESTRATEGIA N.º 1: Liderar desde la undécima silla.

ESTRATEGIA N.º 2: Desarrollar tu discurso elevado.

ESTRATEGIA N.º 3: Utilizar el progreso como combustible.

ESTRATEGIA N.º 4: Liderar desde cada silla del comedor.

ESTRATEGIA N.º 1: LIDERAR DESDE LA UNDÉCIMA SILLA (RECONOCER LA CAPACIDAD PARA LIDERAR)

Benjamin Zander, director de la Orquesta Filarmónica de Boston, ha sido nominado a múltiples Premios Grammy y ha impartido una popular charla TED sobre música y pasión.[23] En su charla, cuenta la historia de una violonchelista que se sentía desanimada por ser la undécima silla de la sección de violonchelos.[24] En lugar de centrarse en su pertenencia a una de las mejores y más famosas orquestas del mundo, sólo podía concentrarse en las diez personas que ocupaban las sillas que la precedían. A pesar del increíble talento que debía tener para poder unirse a una organización tan elitista, se sentía como una pieza insignificante.

Al percibir su desapego, Zander decidió preguntarle cómo creía que debía dirigir una sección muy difícil de la sinfonía que iban a interpretar la semana siguiente. Ella ofreció su opinión con cautela, y la semana siguiente, Zander dirigió la pieza tal como ella había sugerido, con excelentes críticas. Según Zander, «Desde entonces, esta violonchelista que se sentaba en el undécimo asiento tocó como una persona completamente diferente». ¿Por qué? En su charla, Zander describe cómo la violonchelista le dijo que era porque ahora se sentía una líder, incluso desde lo más bajo de la jerarquía organizativa de la orquesta, en su humilde undécima silla. Lo que me encanta de esta historia de potencial es que no sólo esa violonchelista del undécimo asiento elevó su interpretación a nuevas alturas, sino también a toda la orquesta. Este tipo de armonía es el objetivo del Gran Potencial. Y para lograrlo, debemos

---

23. https://www.ted.com/talks/benjamin_zander_on_music_and_passion
24. https://leaderchat.org/2009/03/17/leading-from-any-chair-in-theorganization/

empoderar a las personas para que lideren, sin importar en qué silla se encuentren.

Todos podemos lograr una armonía similar en nuestras vidas y nuestros trabajos una vez que ampliemos la definición limitada de liderazgo que aún prevalece en la mayoría de las empresas, escuelas y organizaciones. En la encuesta Global Human Capital Trends de 2014 de la consultora Deloitte, se descubrió que la necesidad de «líderes en todos los niveles» era uno de los problemas más críticos a los que se enfrentan las empresas de hoy,[25] con el 86 % de los encuestados calificándolo de «urgente» o «importante». En un documento que examina los hallazgos, los líderes de Deloitte escribieron que cultivar el liderazgo en todos los niveles «sigue siendo el problema de talento número 1 al que se enfrentan las organizaciones de todo el mundo».[26] Y, sin embargo, sólo el 13 % de los encuestados dice que hace un buen trabajo al desarrollar líderes en todos los niveles, lo que indica una brecha de preparación masiva que predice un futuro sombrío si no empoderamos enseguida a todos, independientemente del rango, la edad o el puesto de trabajo, para dar un paso al frente y liderar.

La antigua definición de potencial (es decir, de Bajo Potencial) se basa en el mito de que, a menos que se ocupe una posición formal de autoridad o poder, no se puede cambiar a otras personas ni una cultura. Pero si bien este mito está ampliamente difundido en las comunidades empresariales y educativas (incluso una portada de *Harvard Business Review* de 2016 afirmaba que «no se puede arreglar la cultura»), lo cierto es que este tipo de cambio sí es posible.[27]

Pero primero debes reconocer que puedes generar cambios dondequiera que estés. Si eres violoncelista de undécima silla, puedes ofrecerle a tu director sugerencias que mejorarán la actuación de toda la orquesta. Si eres estudiante, puedes cambiar el ambiente de toda la clase, para bien o para mal. Si eres un gerente de nivel medio, puedes cambiar la forma en que las personas a tu cargo tratan a sus hijos después del

25. https://www2.deloitte.com/content/dam/Deloitte/ar/Documents/human-capital/arg_hc_global-human-capitaltrends-2014_09062014%20(1).pdf
26. https://www2.deloitte.com/content/dam/Deloitte/ar/Documents/human-capital/arg_hc_global-human-capitaltrends-2014_09062014%20(1).pdf
27. https://hbr.org/2016/04/culture-is-not-the-culprit

trabajo creando una cultura de apoyo en lugar de estrés. Si eres un becario o asistente de «bajo nivel», puedes preparar a tu jefe para una reunión con un cliente más productiva enviando los documentos por correo electrónico a todos con un día de anticipación. En Kaiser Permanente, las recepcionistas podían salvar a las pacientes de cánceres mortales con sólo preguntarles si les gustaría programar una mamografía. Creer en tu poder para generar un impacto, sin importar en qué silla te sientas, es el primer paso para alcanzar tu máximo potencial.

ESTRATEGIA N.º 2: DESARROLLAR TU DISCURSO ELEVADO (INCULCA EL DESEO DE LIDERAR)

En 1998, la Corporación para el Servicio Nacional y Comunitario (CNCS, por sus siglas en inglés), la agencia gubernamental que administra AmeriCorps y otros programas de servicios, vio una gran oportunidad para expandir su impacto. Necesitaban encontrar la manera de implicar a los jóvenes en el voluntariado comunitario. Mi hermana, Amy Blankson, cursaba la secundaria en ese momento y sentía una gran pasión por el movimiento. Así que, cuando se enteró de que habría una próxima conferencia sobre liderazgo centrada en este mismo tema, intentó inscribirse. Para su sorpresa, recibió una nota diciendo que la conferencia era sólo para adultos. ¿En serio? Pero en lugar de sentirse impotente tras el rechazo, Amy envió una carta a la junta directiva del CNCS con un discurso apasionado para convencerlos de que, si se quería que los jóvenes fueran voluntarios, también era necesario empoderarlos para que lideraran. La junta se horrorizó al descubrir que una joven había sido rechazada en una conferencia sobre voluntariado juvenil y enseguida revirtió su postura. Ese año, Amy se convirtió en la primera joven miembro de la junta directiva de la CNCS. Y más tarde ese mismo año, en una cumbre de jóvenes en el centro de Texas que ella organizó, estudiantes de secundaria prometieron 120 000 horas de voluntariado para organizaciones benéficas y sin fines de lucro locales.

Así como no es necesario ejercer un liderazgo oficial para liderar, tampoco es necesario ejercerlo para empoderar e inspirar a *otros* a hacer lo mismo. Después de todo, si una estudiante de secundaria apasionada puede inspirar a cientos de jóvenes a liderar el cambio en sus comunidades mediante el voluntariado, ¿no podríamos todos ampliar el poder de liderazgo en nuestras propias comunidades y empresas?

La clave está en desarrollar un discurso elevado. Es similar al típico discurso de ascensor, sólo que, en lugar de resumir tu presentación comercial en treinta segundos, un discurso elevado es aquél en el cual convences rápidamente a otros de ser agentes positivos de cambio. Lo bueno del discurso elevado es que no sólo motiva a la gente a liderar desde cualquier posición, sino también que puede surgir desde cualquier posición. Pero convencer a las personas de que deseen el cambio es difícil sin importar desde dónde hables; después de todo, los humanos somos criaturas de hábitos y a menudo nos resistimos a las ideas nuevas o diferentes. Por eso, no es recomendable improvisar un discurso elevado sobre la marcha. Se requiere tiempo para elaborarlo y planificarlo de manera estratégica. Por ejemplo, cuando los líderes principales de Kaiser necesitaban convencer a los recepcionistas de ampliar su concepción de su propio potencial, para que se vieran a sí mismas como profesionales de la salud, tardaron semanas en perfeccionar su mensaje sobre cómo la salud está interconectada antes de estar preparados para presentárselo a toda la empresa.

Para empezar, piensa en las preocupaciones del destinatario del discurso elevado. Por ejemplo, si intentas inspirar a un grupo de gerentes de ventas —que sabes que se preocupan por sus ingresos y el logro de sus objetivos— para que adopten un estilo de liderazgo más inclusivo, podrías presentarles un estudio y un ejemplo que muestre cómo sus cifras de ventas están directamente relacionadas con el trato que los gerentes dan a su personal de apoyo y el tiempo que dedican a asesorar a los vendedores jóvenes de sus equipos. O si tu objetivo es ayudar a tu hijo adolescente extrovertido a estar más motivado para solicitar plaza en la universidad, podrías hablarle de los clubes, actividades y oportunidades de socialización (es decir, fiestas) que ofrece el campus. La idea es que, al ayudar a las personas a comprender por qué deberían querer el cambio, se active un sentido de pertenencia que convierta la indiferencia o la inercia en potencial.

Mi madre fue profesora de Inglés en una escuela secundaria durante más de veinte años y siempre señalaba cómo la falta de responsabilidad en el sistema escolar público donde trabajaba asfixiaba el potencial. Cada vez que surgía un problema o una deficiencia, en lugar de tomar la iniciativa para solucionarlo, la administración culpaba al estado. Si los estudiantes no mantenían sus avances en el aprendizaje, los profesores culpaban a los padres. ¿Y si los estudiantes no estaban contentos? Naturalmente, culpaban a los profesores. La apatía y la culpa se propagaban como virus y, como resultado, todos se sentían cada vez más impotentes. El verdadero liderazgo consiste en preocuparse lo suficiente como para encontrar soluciones a los problemas, en lugar de culpar constantemente a los demás.

No hay duda de que no fomentar el compromiso y el liderazgo desde todos los puestos de las empresas tiene un impacto directo en los resultados comerciales. En el informe Gallup State of the Global Workplace de 2013, Gallup descubrió que el 63 % de los empleados en todo el mundo se sienten desempoderados y desconectados de sus trabajos, y un 24 % adicional están activamente desconectados. Según el informe, estos empleados no sólo son ineficaces, sino que a menudo propagan su negatividad y desconexión a los demás.[28] El costo de la desconexión activa sólo en Estados Unidos se estima en más de 500 000 millones de dólares anuales, una cifra que es difícil de ignorar.[29] Puede ser tentador descartar (o despedir) a los empleados desanimados, pero en verdad ésta es una solución provisional a corto plazo. El éxito organizacional a largo plazo requiere que las personas activamente desconectadas sean conducidas en una dirección más positiva, en lugar de hacia la puerta.

En un estudio de Bain & Company, Michael Mankins y David Harding descubrieron un impacto cuantitativo significativo del compromiso de los empleados en los resultados empresariales. Las empresas que «atraen, implementan y lideran el talento de forma más eficaz, aprovechando al máximo las habilidades y capacidades únicas que su gente aporta al lugar de trabajo», escribieron, disfrutan de enormes aumentos de productividad y márgenes operativos entre un 30 y un 50 % supe-

---

28. www.securex.be/export/sites/default/.content/download-gallery/nl/brochures/ Gallup-state-of-theGlobalWorkplaceReport_20131.pdf

29. www.securex.be/export/sites/default/.content/download-gallery/nl/brochures/ Gallup-state-of-theGlobalWorkplaceReport_20131.pdf

riores a los promedios del sector.[30] Gracias a su «liderazgo inspirador y una cultura centrada en la misión», estas empresas pueden «liberar mucho más la energía discrecional de sus empleados».

Hace unos años, me invitaron a dar una charla en la aseguradora gigante Allstate. Me enteré de que su director ejecutivo estaba utilizando un discurso elevado para inspirar a treinta y cinco mil empleados, desde los altos ejecutivos hasta las primeras contrataciones, a sumarse al cambio cultural general que intentaba inculcar en toda la empresa. Una manera de lograr un cambio cultural es contratar a un socio externo de primer nivel que imparta toda la capacitación, una tarea que normalmente costaría millones de dólares. Pero el director ejecutivo Tom Wilson sabía que obligar a la gente a participar pasivamente en una sesión de capacitación corporativa no era la mejor manera de enseñar responsabilidad. En cambio, quería activar un ejército de campeones para un cambio positivo. Así que él y su equipo se propusieron crear la campaña «Lidera desde cada puesto» e invitaron a los empleados a ofrecerse como voluntarios para impartir sesiones de capacitación para sus compañeros. Su discurso elevado consistía en que, para aprender habilidades de liderazgo y ascender en la jerarquía, es necesario asumir el liderazgo dondequiera que se esté dentro de la empresa. Al final, 280 capacitadores voluntarios de todos los niveles de la empresa se reunieron con los capacitadores profesionales de Allstate para aprender los conceptos básicos y luego se les dio vía libre para darle su toque único a su presentación.

El resultado fue una exhibición impresionante de creatividad e iniciativa orgánicas. Los capacitadores crearon de todo, desde tarjetas didácticas hasta juegos de mesa y peluches, para mantener a la gente implicada. Además, el hecho de que los voluntarios provinieran de todos los niveles de la organización ayudó a romper las barreras de la típica jerarquía corporativa; los capacitadores encontraron estimulante que el jefe del jefe de su jefe pudiera estar presente en su sesión de capacitación.

Su entusiasmo era contagioso e inspiraba a sus compañeros no sólo a completar los objetivos de la capacitación, sino también a mantener

---

30. https://hbr.org/2017/03/strategy-in-the-age-of-superabundant-capital

el impulso del aprendizaje y el cambio. Como lo expresó un voluntario: «Cada día recibo responsabilidades y oportunidades de liderazgo que constantemente superan mis expectativas de un puesto de nivel inicial. En mi primer año [...] fui responsable de planificar eventos para miles de personas con el fin de recaudar fondos para la organización benéfica de Allstate contra la violencia doméstica. Y ahora, en mi segunda rotación, ¡soy responsable de entrevistar y contratar a la próxima generación de mi propio programa!».[31] Eso es exactamente a lo que nos referimos cuando hablamos de liderar desde todos los puestos.[32]

Cuando hablé en Allstate durante su conferencia para lanzar y celebrar la iniciativa, me impresionaron dos cosas. Primero, al abarcar los diferentes niveles jerárquicos de la empresa, se logra un increíble intercambio de ideas y relaciones (pilares, puentes y extensiones) que ayuda a consolidar la cultura y a acelerar la expansión del poder dentro de la organización. Segundo, invitar a las personas a liderar desde todos los puestos tuvo un impacto positivo a largo plazo. Estos 280 promotores del cambio positivo no volvieron a ser simples piezas de un engranaje, como en otras empresas; al contrario, se mantuvieron comprometidos e implicados, y elevaron su potencial de liderazgo de manera constante. Además, el hecho de que el jefe del jefe de su jefe pudiera estar presente en su sesión de capacitación los mantiene motivados y alerta, lo que aumenta las posibilidades de ascenso, a la vez que abre más oportunidades para que la gerencia descubra y promueva talento que podría haber pasado desapercibidos.

De manera similar, uno de los defensores más exitosos de la creación de un cambio organizacional positivo a través de un liderazgo más inclusivo es el UnitedHealth Group, en particular el trabajo liderado por Dave Sparkman, vicepresidente sénior de cultura, y su equipo. En lugar de intentar asumir el monumental desafío de cambiar la cultura él solo en una empresa con más de 230 000 empleados, Dave realizó una presentación elevada invitando a las personas a ofrecerse como volun-

---

31. https://txbbacareerservices.wordpress.com/2016/09/12/day-in-thelife-ali-allstate-leadership-development-program/
32. https://txbbacareerservices.wordpress.com/2016/09/12/day-in-thelife-ali-allstate-leadership-development-program/

tarias para convertirse en «embajadores culturales». Dado que para convertirse en embajador cultural, un empleado de UnitedHealth debe realizar capacitación adicional y asumir más responsabilidades, todo sin un aumento salarial, una persona cínica podría asumir que entre cinco y diez personas aceptaron su oferta. Pero, de hecho, la cifra es mucho mayor. Dave ya ha designado a diez mil embajadores culturales en UnitedHealth, y la cifra sigue creciendo. La gente quiere participar, no sólo porque quiere aprender a crear una mejor cultura, sino porque quiere convertirse en mejores líderes.

Cuando hablé con Dave en una conferencia en Phoenix, él acababa de viajar a Asia (cuatro veces), Brasil y Europa, todo el mes anterior, para presentar una contundente propuesta: el cambio cultural requiere líderes. Poco a poco, su pequeño pero brillante equipo de visionarios continúa ampliando su impacto global, inspirando a embajadores de diversos países y hablantes de diversos idiomas a implicarse en el cambio en lugar de esperar a que sea el mundo el que cambie.

También puedes utilizar el discurso elevado para invitar a otras personas a ser agentes de cambio en tu vida personal. Cuando estaba deprimido, les dije a mis amigos que necesitaba que se implicaran en mi estado de ánimo, y enseguida me ofrecieron el apoyo que necesitaba. Incluso los padres pueden animar a sus hijos a asumir más responsabilidad, quizá pedirles que participen en las decisiones familiares o darles voz y voto sobre el tipo de castigo o recompensa que deben recibir. O pueden «delegar en ellos» y encargarles regar las hierbas que plantaron juntos o de alimentar a las mascotas, o pueden darles a los hermanos mayores el cuidado de los más pequeños.

Recuerdo una noche en que llegué a casa exhausto de un viaje y no tenía energías para pasar una hora luchando con mi hijo para que se durmiera. En un momento de inspiración, le pregunté a Leo si él podía acostarme a mí. Entusiasmado con su nueva responsabilidad, salió corriendo a hacer las rutinas nocturnas: todas esas cosas que normalmente yo tenía que hacer por él, como meter sus cochecitos en la cama, ponerle el pijama y cepillarle los dientes. Después volvió y me tapó con una manta, y con mucha amabilidad me dio uno de sus cochecitos para que durmiera con él, apagó la luz y regresó orgulloso a su habitación, donde se quedó dormido al instante. Resulta que, con un buen discurso elevado, podemos ayudar incluso a un niño de tres años a activar su potencial de liderazgo.

ESTRATEGIA N.º 3: UTILIZAR EL PROGRESO COMO COMBUSTIBLE (REFORZAR EL LIDERAZGO)

Una división de Computer Sciences Corporation, una empresa consultora de 17 000 millones de dólares, atravesaba momentos difíciles. Según un estudio de caso de Vlatka Hlupic, profesora de la Westminster Business School, su crecimiento y rentabilidad se habían estancado, por lo que no había suficiente trabajo para sus consultores. Los ingresos disminuían, pero aún tenían altos costos salariales, lo que sólo agravaba el problema.

Quienes hayan trabajado en grandes empresas conocen la respuesta típica. Los altos directivos tomaron las riendas y empezaron a dictar soluciones desde arriba, lo que, como era de esperar, incluyó recortes y despidos brutales y desmoralizadores, órdenes sobre cómo aumentar la eficiencia y exigencias a los empleados de trabajar más por menos. La situación empeoró cuando los líderes de división centralizaron el control, exigiendo un proceso formal de aprobación para todos los proyectos de consultoría. Como escribió Vlatka: «Eso causó una disminución del rendimiento, afectó negativamente a la motivación de los empleados y los buenos empleados empezaron a marcharse, situación que se complicaba en el momento de reemplazarlos. Los costos asociados al reemplazo y capacitación de nuevos empleados aumentaron los gastos y redujeron el ingreso operativo. Los cambios también ralentizaron la toma de decisiones, disminuyeron la asunción de riesgos y eliminaron el espíritu emprendedor».[33]

Al darse cuenta de que este modelo de «mando y control» estaba fallando, los jefes de división decidieron liberar a la alta dirección del poder y EXPANDIRLO a toda la organización. Facilitaron a los consultores la autoorganización en equipos, encargados de equilibrar la

---

33. Amar, A. D., Hentrich, C. y Hlupic, V., «To be a better leader, give up authority». *Harvard Business Review* 87, 22-24, diciembre de 2009.

búsqueda del rendimiento con los valores fundamentales de transparencia, equidad y colaboración. Impulsados por esta nueva capacidad de toma de decisiones y la confianza, los empleados de todos los niveles de antigüedad y experiencia pronto se convirtieron en líderes de los equipos. Los resultados fueron sorprendentes: ¡en el primer año, su margen de beneficio aumentó un 151 %![34] Pero lo más sorprendente es que el simple hecho de saber cuánto habían progresado, hasta el último punto porcentual, motivó a esos líderes a invertir más en sus equipos, haciéndolos responsables de garantizar que la comunicación fluyera de manera correcta y que sus miembros recibieran los recursos o la mentoría que necesitaban. En el segundo año, los beneficios volvieron a aumentar, esta vez un 238 %. Y entonces, el poder se EXPANDIÓ aún más. Una segunda división, inspirada por estos resultados cuantificados, intentó replicar el sistema estelar creado por sus colegas, y otorgó a sus propios equipos mayor poder y autonomía, ¡y su margen de beneficio aumentó un 295 %! Así, su progreso se convirtió en el motor de un Gran Potencial.

Para sostener el cambio, debemos recompensar y reforzar los esfuerzos de la gente por generarlo. Por lo tanto, es crucial utilizar el progreso para motivar a las personas a seguir liderando desde todos los puestos. Kaiser Permanente, por ejemplo, hizo un seguimiento del éxito de su programa y se aseguró de que todo el personal supiera exactamente cuántas vidas se habían salvado. En el Distrito Escolar Comunitario Cardinal, Joel se aseguró de que todos, desde los monitores hasta los trabajadores del comedor, estuvieran al tanto del enorme aumento en la tasa de graduación. Cuando las personas ven los frutos de sus esfuerzos, se crea un ciclo de retroalimentación positiva donde el progreso se convierte en un catalizador para un cambio aún mayor.

Independientemente de nuestra posición, todos podemos utilizar el progreso para alcanzar un potencial cada vez mayor, ya sea con nuestros equipos en el trabajo o en casa con nuestros hijos. Si tu hijo está aprendiendo a leer, por ejemplo, podrías llevar una lista actualizada de todos

34. Amar, A. D., Hentrich, C., Bastani, B. y Hlupic, V., «How managers succeed by letting employees lead», *Organizational Dynamics* 41 (1), 62-71, 2012.

los libros que ha terminado para recordarle lo gratificante que puede ser leer un libro completo.

Si tu equipo decide participar en un proyecto de voluntariado, podrías llevar datos o fotos a la siguiente reunión para recordarles el impacto de su trabajo. O, si tu jefe o gerente te confía un nuevo proyecto o cuenta, podrías mostrarle exactamente cómo tu trabajo contribuye a las ganancias finales.

Recuerda que el Gran Potencial es un círculo virtuoso. Cuanto más expandas tu poder a quienes te rodean, más poderoso te volverás.

ESTRATEGIA N.º 4: LIDERAR DESDE CADA SILLA DEL COMEDOR (ENCONTRAR SIGNIFICADO DESDE CADA PUESTO)

Una crítica que escucho con frecuencia cuando hablo de «liderar desde todos los puestos» a individuos y grupos proviene de quienes dicen: «¿Y si mi trabajo simplemente no ofrece un camino hacia el liderazgo, y mucho menos hacia un Gran Potencial?». Al viajar a más de cincuenta países y hablar con empleados sobre qué los motiva a buscar un mayor potencial, también he escuchado a muchos decir que estarían mucho más comprometidos y serían mucho más propensos a tomar la iniciativa para generar cambios si tuvieran el trabajo perfecto, un jefe que los apoyara, el puesto soñado, etc. Sin embargo, creo que se puede encontrar un camino hacia el liderazgo en casi cualquier trabajo. Pero primero se necesita recorrer el camino hacia el significado.

La brillante Amy Wrzesniewski, profesora de comportamiento organizacional en la Escuela de Administración de la Universidad de Yale, ha dedicado gran parte de su investigación a ampliar el significado de nuestro trabajo. Según su investigación, las personas perciben sus ocupaciones de tres maneras: como un trabajo, una carrera o una vocación. Un trabajo es simplemente algo que hay que soportar para obtener un salario. Una carrera es un trabajo que te otorga prestigio o posición social.

Una vocación es un trabajo que consideras parte integral de tu identidad y sentido de vida, una expresión de quién eres que te brinda una sensación de plenitud y significado. Una vocación es un camino hacia un Gran Potencial.

Si te preguntaran qué trabajos en la sociedad considerarías más difíciles de ver como una vocación, en lugar de un simple trabajo, ¿qué dirías? Cuando se plantea esta pregunta en las encuestas, las respuestas comunes son «conserje en una residencia de ancianos», «operador de cabina de peaje» y «basurero». Por lo general, las personas consideran que estos trabajos tienen poco poder y Bajo Potencial de liderazgo. Pero la investigación de Wrzesniewski muestra que cuando se pregunta a las personas si ven su propia labor como un trabajo, una carrera o una vocación, las respuestas serán bastante similares en todas las profesiones. Por ejemplo, Wrzesniewski descubrió que los asistentes ejecutivos, los empleados de hospitales e incluso los conserjes de residencias de ancianos tenían la misma probabilidad de ver su trabajo como una verdadera vocación que las personas en la mayoría de las demás profesiones. En otras palabras, todos podemos encontrarle sentido a nuestro trabajo, sin importar en qué puesto estemos.

Para verlo en la práctica, la próxima vez que vayas al supermercado, presta atención a los empleados que embolsan las compras al final de cada caja. Lo más probable es que lo que veas coincida con la regla de un tercio que describe Wrzesniewski: un tercio parecerá aburrido y apático, un tercio parecerá eficiente pero sin inspiración, y un tercio será alegre, enérgico y amable con los clientes. El mismo trabajo, tres respuestas diferentes. Supongo que ni siquiera los más felices quieren guardar las compras el resto de sus vidas, ni creen que sea la culminación de todos sus sueños ni que les permita aprovechar todas sus fortalezas. Pero aun así, son capaces de encontrar pequeñas maneras de darles sentido a sus trabajos, ya sea al alegrarle el día a un cliente con una broma o un cumplido, facilitarle el trabajo al cajero al encontrar una manera de agilizar la cola, o contribuir al medioambiente animando a los compradores a utilizar bolsas de tela en lugar de plástico. Personas como éstas son la prueba fehaciente de que el liderazgo no sólo es una elección, sino también el significado.

Pero el Gran Potencial empieza contigo, lo que significa que depende de ti encontrarle sentido a tu puesto actual, así que inténtalo ahora. ¿Estás ayudando a mejorar la vida de las personas con tu trabajo, aunque sea a escala pequeña? ¿Puedes conectar con las personas a un nivel más profundo? ¿Tienes la oportunidad de alegrarle el día a alguien gracias a tus interacciones? ¿Estás ayudando a mejorar el mundo, aunque sea un poco? Éstas no son sólo preguntas para explorar a nivel personal, sino también en equipo y en familia. Una investigación que describí en mi libro *The Happiness Advantage* descubrió que incluso escribir un diario cada día durante dos minutos sobre una experiencia significativa en el trabajo ayuda a tu cerebro no sólo a identificar estos momentos, sino también a ver maneras de incorporarlos a tu rutina diaria.

Para profundizar, pregúntate: ¿Soy capaz de utilizar mis habilidades únicas en el trabajo? ¿Mi creatividad, mi inteligencia emocional, mi habilidad para los números? Busca la manera de asegurarte de utilizar al menos una de tus fortalezas únicas cada día. Es más fácil ver tu trabajo como una vocación si logras entregarte por completo a él.

Muchas personas no son capaces de ver su trabajo actual como una vocación porque en el futuro quieren hacer otra cosa. Como resultado, están tan ocupadas idealizando u obsesionándose con algún trabajo soñado del futuro que olvidan todas las cosas que las motivan en su empleo actual. No te dejes paralizar por el futuro. No hay nada de malo en tener metas o ambiciones futuras, pero si de manera constante buscas pastos más verdes, jamás llegarás a ver la belleza del lugar en el que ya estás.

Recuerda que así como el éxito y el potencial no son juegos de suma cero, tampoco lo es el sentido o propósito. Ayudar a otros a descubrir el significado en sus vidas personales y laborales no disminuye tu propia capacidad para encontrar sentido; por el contrario, la amplifica. Y es precisamente ese sentido el que nos da poder para liderar.

Liderar desde cada silla del comedor

La primera presidenta de África fue la famosa Ellen Johnson Sirleaf de Liberia, una heroína cuyo coraje le permitió trascender las etiquetas y expectativas impuestas a su género para liderar incluso en los niveles más altos de gobierno. Escribió: «El tamaño de tus sueños siempre debe superar tu capacidad actual para alcanzarlos. Si tus sueños no te asustan, no son lo suficientemente grandes». Y los grandes sueños requieren la capacidad de expandir nuestro potencial más allá de lo que podemos lograr solos. Así que concluiré este capítulo con una historia que nos recuerda cuánto cambio es posible cuando realmente soñamos en grande.

El primer día en la universidad, conocí a Ann S. Kim. A diferencia de muchos de mis compañeros de Harvard, que buscaban trabajo para ganar el máximo dinero, Ann buscaba generar el mayor impacto. Una década después, Ann trabajaba con el director general de servicios sanitarios de EE. UU. desarrollando ideas para ayudar a crear un mundo más saludable. La piedra angular de la filosofía de Ann es su convicción de que, si queremos un mundo mejor, debemos EXPANDIR el poder incluso a quienes parecen tener menos en nuestra sociedad: los niños en situación de pobreza.

En 2016, el ex director general de servicios de salud Vivek Murthy declaró: «Creo que si queremos crear un país más sano, necesitamos empoderar a más personas para que cambien sus vidas. Pero también debemos empoderarlas para que ayuden a transformar su entorno».[35] Una mejor nutrición es un cambio que puede tener un gran impacto en la salud de nuestra sociedad, sobre todo para los niños que viven en entornos desfavorecidos. Por ello, en colaboración con el Distrito Escolar Unificado de San Francisco y la innovadora firma de diseño IDEO, Ann se propuso buscar maneras en que un niño de primaria de bajos recursos, sentado en el comedor de una escuela, pudiera liderar el cambio hacia una alimentación más saludable.

Resultó que uno de los mayores desafíos para lograr que los estudiantes de este distrito coman más saludablemente no era en realidad la falta de opciones de comidas saludables en el comedor, era que los niños simplemente no las elegían. Los estudiantes mayores detestaban las colas y el ambiente del comedor, así que la mayoría abandonaba las comidas saludables y se marchaba del campus en busca de comida rápida. Para los más pequeños, la experiencia en el comedor estaba plagada de presión social y acoso. Observaban y juzgaban a sus compañe-

---

35. www.huffingtonpost.com/entry/surgeon-general-happinessvivek-murthy_us_
564f857ee4b0d4093a57c8b0

ros por lo que salía de sus fiambreras, y como resultado, algunos preferían no comer nada o intercambiar opciones poco saludables por otras igualmente poco saludables en lugar de ser vistos en la cola recibiendo comida que consideraban mucho menos atractiva.

Al deconstruir la experiencia del almuerzo, Ann y sus compañeros de IDEO descubrieron que se podían solucionar muchos de estos problemas permitiendo que los niños participaran. En lugar de simplemente hacer cola, a regañadientes, y esperar a que el personal del comedor les sirviera la comida del día, se les asignaron roles rotativos como «camareros», encargados de empujar carritos para llevar la comida a sus compañeros. En lugar de comprarse de manera individual, la comida se servía al estilo familiar. Un niño con menos comida podía simplemente decir: «Por favor, pásame los guisantes», en lugar de recurrir al hambre o al acoso.

Poco a poco, los estudiantes empezaron a sentir que tenían voz y voto, lo que les llevó a sugerir sus gustos. Observaron a otros estudiantes seleccionar las espinacas orgánicas, lo que los animó a pedir también alimentos saludables. Se les explicó a los niños los componentes de sus alimentos y aprendieron sobre los productos orgánicos, las grasas buenas y el gluten, lo que los impulsó a ser un ejemplo para sus familias al llegar a casa, preguntando si las galletas estaban hechas con aceites saludables. Los niños se convirtieron en parte del proceso en lugar de ser sus víctimas.

Ningún plan de comidas por sí solo resolverá todos los problemas de salud o pobreza. Pero es un comienzo, y dio inicio a un círculo virtuoso. Los administradores ahorraron dinero porque se desperdiciaba menos comida, la escuela se enorgulleció del éxito de un programa tan innovador, y la comunidad incluso se volvió más segura al reducirse la cantidad de conductores adolescentes que se dirigían a toda velocidad al restaurante de comida rápida más cercano. Sin mencionar que las mejoras radicales en la alimentación de los estudiantes se tradujeron directamente en menos enfermedades, mejores calificaciones académicas y menos casos de acoso escolar. Y todo comenzó al empoderarlos para que lideraran desde cada silla del comedor.

Cuando somos lo suficientemente valientes como para compartir nuestro poder con otros, de repente nos quitamos un gran peso de encima, aumentando nuestra capacidad para levantar cargas aún más pesadas. Éste es el círculo virtuoso que buscábamos. Y *todos* podemos inspirar a otros a soñar más, aprender más, hacer más y alcanzar más, sin importar nuestra posición.

CAPÍTULO 5

POTENCIA TUS RECURSOS

Crea un prisma de elogio y reconocimiento

Las palabras de su mentor resonaron en los oídos de Sarah cuando entró en la sala de juntas: «Eres tú o ella». Mientras Sarah se sentaba para una tarde de reuniones con socios de su bufete de abogados, supo que para ser elegida como nueva socia de la empresa, tendría que demostrar que era mejor que la competencia.

Ser nombrada socia era un reto, especialmente ese año. Había dos candidatas extraordinariamente buenas para el ascenso, y sólo una de ellas llegaría a ser socia en esa ronda. Ambas habían estado trabajando en la misma gran adquisición y ambas habían hecho que la empresa ganara muchísimo dinero.

Durante la primera entrevista, Sarah siguió el consejo de su mentor y se «vendió» a uno de los socios. Detalló cuidadosamente todos sus logros individuales. Presumió con tacto de su capacidad para ver oportunidades donde otros las pasaban por alto. Sin embargo, salió de la reunión con la sensación de que algo no iba bien.

Luego, durante su segunda entrevista, esta vez con un socio de mayor experiencia, algo cambió. Cuando el socio la felicitó por su éxito con la reciente adquisición, en lugar de repetir el mismo discurso preparado de la sesión anterior, respondió: «Gracias. Ése fue uno de mis logros de los que más me enorgullezco. Pero también estoy agradecida por el equipo con el que me rodeaste en el proyecto. Tim, el nuevo asociado que contrataste, se quedó despierto tres días seguidos para ayudarme a terminar. Y Karen [la otra asociada que se postulaba a socia] también trabajó muy duro en el proyecto. Es una de las abogadas más inteligentes con las que he trabajado».

Más tarde admitió que en ese momento se sintió profundamente avergonzada, temiendo haber perdido la ventaja. Nunca, jamás, hay que hacer que la competencia quede bien, ¿verdad? Pero, al mismo tiempo, reconocer las contribuciones de esos colegas le pareció más auténtico. Así que compartió esos mismos sentimientos durante el resto de sus entrevistas.

Un mes después, la llamaron a la oficina del socio principal y le dijeron que había conseguido el puesto. Había sido una carrera reñida, le dijo; de hecho, sólo una diferencia entre los dos candidatos fue lo que inclinó la balanza. Dijo que mientras Karen había usado la adquisición como prueba de que sólo ella merecía ser socia, Sarah la había utilizado para elogiar a la otra candidata, al asociado más joven e incluso al propio socio por hacer buenas contrataciones. Y eso, al final, fue lo que la diferenció. El socio principal dijo: «Te eligieron socia porque no sólo eres buena, sino que eres buena para la firma».

Algunas personas tratan los elogios como algo limitado. Creen que la clave del progreso y el éxito reside en absorber y acumular el mayor reconocimiento, admiración y elogios posible. Ésta es la filosofía que aprendemos en la escuela y que luego perfeccionamos hasta alcanzar una eficiencia brutal en el mundo laboral. Cuando creemos de manera errónea que el éxito y el reconocimiento son de suma cero, todos acaparamos el reconocimiento en lugar de otorgarlo, nos volvemos ávidos de elogios y, con el tiempo, nos convertimos en avaros.

Sin embargo, lo que muchos no reconocen es que el elogio es, en realidad, un recurso renovable. El elogio crea un círculo virtuoso: cuanto más das, más aumentas tu propia reserva. Cuando se hace bien, el elogio prepara el cerebro para un mayor rendimiento, lo que significa que cuanto más elogiamos, más éxito creamos. Y cuantos más éxitos tengamos, más habrá que elogiar.

En lugar de ser tacaños en elogios, necesitamos convertirnos en prismas del elogio. En física, un prisma es un objeto con múltiples superficies reflectantes. Cuando la luz incide en un prisma, las diferentes longitudes de onda se curvan en distintos ángulos, creando el efecto arcoíris cuando la luz resurge del prisma. En otras palabras, los prismas no sólo absorben o desvían la luz. Al proyectarla sobre los demás, la realzan y la embellecen. Sarah era un verdadero prisma del elogio: al proyectar la luz de la alabanza hacia los demás, en lugar de absorberla o disminuirla, no sólo mejoraba la imagen de sus colegas, sino que también la hacía más atractiva.

La investigación que he estado realizando durante los últimos cinco años demuestra que cuanto más elogiemos con autenticidad a todos en nuestro ecosistema, más crece nuestro potencial, tanto individual como colectivo. En *La ventaja de la felicidad,* escribí sobre cómo, al mejorar el estado de ánimo de alguien, mejoramos su motivación y rendimiento.[1] En este capítulo, leeremos nuevas investigaciones sobre cómo mejorar el estado de ánimo de quienes nos rodean puede mejorar también la motivación y el rendimiento colectivos en nuestro ecosistema, creando así un terreno fértil para que el potencial crezca de manera orgánica.

Cuantos más elogios des, más elogios merecerás y luego recibirás. Cuando los elogios abundan, los tacaños de elogios rápidamente se convierten en proveedores de elogios; después de todo, ¿por qué acumular elogios si no temes que te los nieguen? Por la misma razón, cuantos más elogios retengas, menos recibirás y menos mereces. Piénsalo. ¿Qué pasaría si te apropiaras de todo el mérito del éxito de un proyecto grupal y el resto de tu equipo se enterara? En el mejor de los casos, te ganarías la reputación de ser un mal jugador de equipo; en el peor, tus colegas y tu jefe se mostrarían cautelosos a la hora de asignarte futuros proyectos. O imagina que decides retener los elogios en una relación romántica. Tu pareja probablemente comenzaría a retener no sólo los elogios, sino también otras cosas que probablemente valoras, lo que en última instancia podría hacerte infeliz en la relación. Como escribió el poeta persa Rumi en el siglo XIII, «Tu depresión está conectada con tu […] negativa a los elogios».

No soy el primero en destacar los beneficios del elogio. Y me atrevo a suponer que la mayoría de quienes leen este libro reconocen su valor incalculable, ya sea como líderes o como padres. Pero el problema en la

---

1. Hom, H. y Arbuckle, B., «Mood induction effects upon goal setting and performance in young children», *Motivation and Emotion* 12 (2), 113, 1988.

mayoría de nuestros negocios, escuelas y relaciones no es sólo que no elogiamos lo suficiente, sino que lo hemos estado haciendo de manera incorrecta. Me atrevería a decir que nuestro modelo actual de elogio desmotiva a la gran mayoría de nuestros equipos, exacerba los conflictos internos en nuestras familias y limita nuestro potencial.

El núcleo del problema reside en cómo gestionamos los elogios y el reconocimiento en nuestra vida. Nuestra respuesta a los elogios suele ser desviarlos, ya sea por timidez o humildad (por ejemplo, «Tuve suerte»), o absorberlos, con la errónea creencia de que escasean. En ambos casos, los elogios se ahogan y la luz se apaga antes de que pueda brillar de manera plena. Debemos encontrar una forma de recibir la luz del elogio y refractar esa luz hacia fuera.

Al negar la luz del elogio, lo extinguimos. Al dirigirla hacia los demás, lo magnificamos.

Si realmente queremos implicar, motivar e inspirar, ya sea como líderes o padres, necesitamos replantearnos por completo los elogios. Cometemos algunos errores específicos que, sin darnos cuenta, nos llevan a apagar la luz de los elogios, y no se trata sólo de que elogiemos los resultados en lugar del proceso, como escribió la profesora de Stanford Carol Dweck en el excelente libro *Mindset: la actitud del éxito*. En primer lugar, nuestro instinto suele ser señalar los errores de las personas, incluso cuando nuestra intención es destacar sus aciertos. En segundo lugar, tendemos a elogiar a las personas comparándolas con otras; es decir, exaltando a una persona a expensas de otra. Exageramos elogiando a los mejores (quienes suelen tener su recompensa) en lugar del esfuerzo colectivo del equipo, y esperamos que los elogios fluyan de arriba abajo en lugar de fluir libremente en todas direcciones.

En este capítulo aprenderás seis estrategias para magnificar el poder de los elogios, ya sea en tu empresa, comunidad o familia:

ESTRATEGIA N.º 1: Deja de hacer elogios comparativos.
ESTRATEGIA N.º 2: Destaca lo correcto.
ESTRATEGIA N.º 3: Elogia la base.
ESTRATEGIA N.º 4: Democratiza los elogios.
ESTRATEGIA N.º 5: Desbloquea los 31 ocultos.

ESTRATEGIA N.º 6: No elogies sólo el resultado; elogia también para que se dé un resultado.

ESTRATEGIA N.º 1: DEJA DE HACER ELOGIOS COMPARATIVOS

El peor elogio que a veces he recibido después de una charla es: «Hoy has sido el mejor orador». «¿Qué tiene de malo?», te preguntarás. Bueno, para empezar, perjudica a todos los demás oradores. ¿Y si hubiera otro orador a mi lado? Además, me recuerda que, en muchos casos, no seré el mejor orador, así que ahora me siento nervioso y cohibido. En lugar de enriquecerme, este comentario me desequilibra en el futuro.

Éste es un ejemplo de uno de los errores más comunes que veo que cometen las personas con los elogios: decir cumplidos como «Tu informe fue mejor que el de Jack», «Eres la persona más inteligente de la sala» o «Has sido el mejor jugador del partido». ¿Por qué? Porque en realidad estás comparando, no elogiando. ¡Intentas apoyar a alguien menospreciando a otros! El verdadero elogio es decirle a alguien «Tu informe fue increíble» o «El ritmo de los golpes cómicos de tu discurso ha sido perfecto», no decirle que su informe o discurso fue mejor que el de otra persona.

Cuando le dices a alguien que es «mejor» que otra persona, eso, por definición, significa que esa otra persona es «peor». Además, al decirle a alguien que es «mejor» o «el mejor», estás poniendo un límite inconsciente e implícito a tus expectativas sobre lo que esa otra persona puede lograr. Además, si sólo nos esforzamos por ser mejores que alguien más, ¿no reduce eso nuestras expectativas sobre nosotros mismos demasiado do? Nos dice que en cuanto seamos un poco mejores que otra persona, podemos dejar de intentarlo, incluso si eso significa no alcanzar nuestro potencial.

Si quieres mejorar a los demás, no los compares. De hecho, ésta fue la lección más difícil de escribir del libro, porque creía que de manera intuitiva elogiaba a los demás, incluyendo a mi esposa y a mi hijo. Pero ahora sé que estaba cometiendo un grave error. Por muy buenas que fueran tus intenciones, si le dices con entusiasmo a un niño «¡Has sido el mejor!», le acabas de enseñar que tu amor y entusiasmo se basaban en su posición en comparación con los demás. Nada socava más al Gran Potencial que el elogio comparativo. Pero es muy fácil hacerlo sin darte cuenta.

Piensa en la frecuencia con la que caemos en la trampa de la comparación. «Eres la persona más atractiva/inteligente/divertida de esta sala». ¿Por qué tenemos que menospreciar a todos los demás en un intento de elogiar a una sola persona? ¿Y si esa persona se mudara a otra sala llena de gente más atractiva/inteligente/divertida? ¿Por qué no decir simplemente: «Eres atractiva, inteligente y divertida»? Elogiar con comparaciones alimenta la mentalidad de Bajo Potencial, que cree que el éxito (o el liderazgo, la creatividad, la belleza, el amor o cualquier otra cosa que nos importe) son recursos limitados, y exacerba la mentalidad de suma cero del éxito de Bajo Potencial. Cuando le dices a un grupo de personas que sólo un cierto porcentaje puede tener éxito, estás frenando el impulso, la ambición y el potencial de todos.

La manera más fácil de detener los elogios comparativos es simplemente eliminar los superlativos de nuestro vocabulario: «el mejor», «el más rápido», «el más inteligente», «el más guapo». Utilizarlos es menospreciar a los demás en lugar de reconocer su grandeza. En cambio, sigue lo que considero una ley inviolable del elogio para líderes y padres: no elogies a costa de los demás.

¿Cuál es el mejor cumplido que podría recibir después de mi charla? No tiene que ver con mi estilo de oratoria, sino que el mejor cumplido es cuando alguien me dice que empezará a practicar uno de los hábitos positivos que mencioné, o que comprará mi libro para un amigo que está pasando por momentos difíciles. La manera más auténtica de reconocer a alguien es cambiar tu comportamiento. El mejor elogio es el cambio en tus acciones.

Nuestra cultura, y en particular nuestros sistemas escolares, está plagada de una forma sutil pero peligrosa de elogio comparativo. Cada año, en la mayoría de nuestras mejores universidades, un número considerable de profesores, bastante menospreciados, adoptan una postura filosófica desacertada contra la inflación de calificaciones, creando una curva de calificación estricta para sus clases. El concepto de la curva de calificación se basa en la creencia errónea de que imponer calificaciones de rendimiento mejorará el rendimiento. Pero, en realidad, no lo consigue.

En primer lugar, al dictar que sólo un pequeño número de estudiantes puede obtener la máxima calificación, básicamente les estamos comunicando que el rendimiento académico es un recurso limitado: justo lo contrario de lo que intentamos lograr con el Gran Potencial. En segundo lugar, estos estudiantes eran los mejores de sus clases en sus escuelas de origen, así que ¿por qué asumiríamos automáticamente que el 30 % de ellos obtendrían calificaciones promedio en la universidad? Y, por último, este sistema desalienta a los estudiantes –aquéllos a quienes realmente les gusta aprender el contenido que se enseña– a asistir a las clases por temor a bajar sus calificaciones promedio.

Algunos argumentarían que dicha competencia es saludable. O que imponer una curva falsa a los estudiantes de alto rendimiento es necesario para descartar a todos, salvo a los mejores, de asignaturas como las de *premed*.[2] Pero dado que vivimos en una sociedad con una gran escasez de médicos, este razonamiento no se sostiene; de hecho, el «descarte» se debe sobre todo a que las universidades no tienen suficientes profesores de *premed*. E incluso si no fuera así, ¿por qué descartar a personas en su primer año de universidad, mientras aún están aprendiendo, cuando muchas de ellas podrían haber sido excelentes médicos si se les hubiera dado la oportunidad de aprender? Estamos sofocando el potencial incluso antes de darle espacio para crecer. Y en lugar de conseguir un grupo de élite de médicos superestrella, se consiguen estudiantes estresados, quizá incluso drogados, y pocos médicos para tratarlos. Se convierten en las gallinas hipercompetitivas del capítulo 2, y en lugar de convertirse en superproductores, todos terminan picoteándose a muerte.

En el mundo laboral, sufrimos la plaga de elogios comparativos en forma de evaluaciones de desempeño, en particular aquellas que califican a los empleados según una escala numérica. Esto puede parecer inofensivo en teoría, pero este tipo de evaluaciones termina teniendo el mismo efecto en la práctica que la curva de calificación; cuando los gerentes creen erróneamente que sólo un número finito de sus em-

---

2. Las asignaturas de *premedicine*, o *premed*, son los cursos académicos que se requieren como base para postularse a una facultad de medicina en países como Estados Unidos y Canadá. (*N. del T.*)

pleados puede tener un desempeño excelente, terminan desmotivando y generando resentimiento entre quienes obtienen calificaciones más bajas.

En un artículo fascinante publicado en la *Harvard Business Review*, David Rock, del Neuro-Leadership Institute, planteó algunas razones más por las que las evaluaciones de desempeño deberían quedar obsoletas, argumentando que los sistemas de calificación numérica utilizados por muchas empresas no tienen en cuenta cómo se trabaja hoy en día. Argumenta que el trabajo se realiza en equipo más que nunca, con muchas personas trabajando en múltiples equipos, a menudo dispersos por todo el mundo. «Pocos gerentes conocen con precisión el rendimiento de sus compañeros cuando ese empleado participa en muchos otros equipos y a menudo realiza tareas que el gerente no ve ni comprende», escribe. «Las evaluaciones de rendimiento estándar, que se realizan una vez al año, simplemente ya no son relevantes para nuestra manera de trabajar».[3]

Pero ¿recibirían las personas menos elogios y retroalimentación constructiva si elimináramos las evaluaciones de desempeño? De hecho, ocurre lo contrario. De las treinta empresas más importantes estudiadas por el Neuro-Leadership Institute, los directivos ofrecían retroalimentación constructiva y elogios con una frecuencia tres o cuatro veces mayor en ausencia de evaluaciones de desempeño. Afortunadamente, algunas empresas innovadoras están adoptando esta idea con mayor facilidad. A lo largo de los años, he pasado bastante tiempo trabajando con Adobe en el norte de California. En 2011, la dirección convocó una reunión pública para discutir lo que consideraban el mayor obstáculo para las puntuaciones de compromiso y la felicidad: el sistema de calificación del desempeño de uno a cinco puntos para los empleados. Eliminaron el sistema por completo una vez que reconocieron el impacto negativo que tenía en la atracción y retención del talento. Incluso GE, famosa por ser pionera en la idea de clasificar a los empleados y luego despedir al 10 % inferior, ha suprimido en gran medida este sistema obsoleto.

---

3. https://hbr.org/2015/09/why-more-and-more-companies-areditching-performance-ratings

Theodore Roosevelt dijo una vez: «La comparación es la ladrona de la alegría». Si realmente queremos enriquecer a los demás, debemos dejar de comparar.

ESTRATEGIA N.º 2: DESTACA LO CORRECTO

A finales de 2016, firmé un contrato con Princess Cruise Lines. Querían que me uniera a la tripulación para investigar cómo el compromiso, la positividad y la felicidad de su personal influían en la experiencia de los huéspedes. Y, claramente, la única manera de hacerlo era ir de crucero. La semana del crucero coincidió con la semana del septuagésimo cumpleaños de mi madre y el cuadragésimo aniversario de bodas de mis padres. Así fue como terminé llevando a veintiséis personas en mi «viaje de negocios».

Siempre apoyando mi trabajo, mis familiares pronto se embarcaron en sus propias misiones para «investigar» la felicidad. Algunos la exploraron a través de los chocolates artesanales y las delicias del bufé libre. Algunos de los más ambiciosos se empeñaban en aprender cómo variaba la felicidad según el país en el que estuviéramos atracados. Mi hijo, que entonces tenía dos años, por ejemplo, concluyó (basándose en sus rigurosas tres horas de investigación diarias antes de su siesta) que Belice era el mejor porque definitivamente tenía «más camiones». Mientras él estaba ocupado investigando los camiones per cápita, yo me reunía con la tripulación para comprender mejor los factores que contribuían a sus niveles de participación y, a su vez, a su eficacia para conectar y atender a los pasajeros de vacaciones.

En el segundo día del crucero, mi hermana, la jefa de mi equipo de investigación, y yo nos aventuramos a las entrañas del barco para recorrer las habitaciones de la tripulación, el comedor y las instalaciones. Después, nos sentamos a entrevistar a treinta tripulantes sobre sus experiencias trabajando en el barco. En cada entrevista, les preguntaba: «Por favor, piensa en los mejores días que has tenido trabajando bajo este contrato. ¿Qué hizo que fuera un día tan bueno?».

Esperaba que la mayoría me contara que sus mejores días habían sido cuando les daban permiso para explorar la selva tropical, o cuando conseguían una tarde libre para relajarse en la terraza de la piscina, o quizá cuando pasaban una noche de fiesta con sus compañeros de tripulación. Pero para mi sorpresa, uno tras otro, me dijeron que los mejores días eran aquéllos en los que recibían una amable palabra de elogio de su supervisor directo. Mi hermana y yo nos miramos con escepticismo y luego insistimos en obtener más respuestas. Pero para cuando el octavo o noveno tripulante nos dijo que el elogio de un supervisor directo había sido lo mejor de su experiencia, nos dimos cuenta de que habíamos dado con algo significativo.

Piénsalo un segundo. Esta tripulación, compuesta principalmente por jóvenes veinteañeros, está literalmente en un barco de recreo, recorre el mundo y visita destinos exóticos. Y, sin embargo, los momentos en que se sentían más positivos y motivados no eran cuando salían a explorar o a divertirse, sino cuando recibían un comentario de su líder destacando lo que estaban haciendo bien.

Pero aquí viene lo más importante. Descubrimos que cuando se sentían fortalecidos por el reconocimiento de un superior, también eran más propensos a reflejar esta energía positiva en los huéspedes, mediante interacciones más amables y serviciales, mayor eficiencia y calidad de servicio, y un esfuerzo constante para mejorar sus vacaciones. Pronto nos dimos cuenta de que una de las maneras más efectivas de mejorar la experiencia del huésped era asegurar que los directores destacaran con autenticidad y frecuencia las acciones correctas de su personal.

El poeta y dramaturgo del siglo XIX Oscar Wilde escribió: «Cuando los hombres dejan de *decir* lo que es encantador, dejan también de *pensar* en lo que es encantador» (las cursivas son mías). Ésta es una manera perfecta de describir la neurociencia detrás del «enfoque en lo correcto», una estrategia que Michelle y yo usamos en nuestro programa del PBS[4] Inspire Happiness. Lo que decimos y hacemos le dice a nuestro cerebro en qué enfocarse. Entonces, si no escaneas de manera activa el ecosistema social en busca de cosas que elogiar, tu cerebro no se da cuenta de lo que se está haciendo bien. Por la misma razón, aquello en lo que nos enfocamos le dice a nuestro cerebro qué repetir. Como

---

4. Public Broadcasting Service. *(N. del T.)*

dijo Oprah en mi entrevista para *Super Soul Sunday,* «Cuanto más elogias y celebras tu vida, más hay en la vida para celebrar».

De la misma manera que los elogios enfocan el cerebro en el comportamiento positivo, las críticas lo enfocan en el comportamiento negativo. Y dado que nos centramos en lo que se repite, ¿por qué querríamos destacar lo incorrecto en lugar de lo correcto? Precisamente por eso, la mayoría de las evaluaciones de desempeño reducen el rendimiento. Demasiados directivos destacan primero los puntos débiles o las áreas de mejora, antes de destacar lo positivo. Desde la perspectiva del cerebro, esto le dice al empleado que al directivo no le importan sus fortalezas, sino sus debilidades, no su crecimiento, sino sus deficiencias. Por lo tanto, el cerebro cree que sus comportamientos positivos no importan. Y lo que no importa no se repite.

Esto no significa que los directivos no deban brindar retroalimentación sincera ni señalar áreas de mejora y crecimiento. Debemos ser realistas sobre las debilidades o los desafíos que debemos superar. Pero también debemos reconocer que para mejorar nuestras deficiencias y debilidades, en lugar de ignorarlas, se requieren recursos mentales, fortaleza y energía. El elogio es lo que nos permite acceder a esos recursos. Nos impulsa a medida que trabajamos para mejorar y crecer.

Algunos directivos creen que la retroalimentación neutral (que no contiene ni críticas ni elogios explícitos) es mejor que la retroalimentación abiertamente crítica, pero en realidad no es así. No elogiar no sólo es una oportunidad desaprovechada para reforzar comportamientos positivos; en ausencia de elogios, nuestro cerebro se dirige directamente a lo negativo, lo que nos lleva a percibir críticas a nuestro trabajo. Brent Furl, uno de los jóvenes neurocientíficos más emprendedores de la actualidad, explica que cuando percibimos críticas, rechazo o miedo, «nuestros cuerpos producen niveles más altos de neuroquímicos que desactivan el centro del pensamiento de nuestro cerebro y activan comportamientos de protección. Nos volvemos más reactivos y sensibles. A menudo percibimos un juicio y una negatividad aún mayores de los que realmente existen».

Recuerda, la atención le dice al cerebro qué repetir. Por lo tanto, si queremos fomentar la excelencia, necesitamos una práctica diaria para destacar los ejemplos de excelencia. La práctica más poderosa en mi vida, y una que sugiero en cada charla, es dedicar dos minutos (máximo) cada mañana a escribir y enviar un mensaje de texto o un correo electrónico elogiando a alguien en tu vida o dándole las gracias por algo positivo. De todos los hábitos positivos que tengo, éste es el más poderoso por varias razones. Primero, has analizado tus relaciones en busca de algo positivo que destacar, lo que te ayuda a ver más aspectos positivos, lo que, a su vez, te da más para destacar. Cuando sugiero esto en las empresas, los directivos dicen que ese simple correo electrónico por la mañana los lleva a buscar y ver más cosas que elogiar y reconocer en sus equipos el resto del día.

Así que deja de leer un momento y prueba este experimento. Envía un mensaje a alguien de tu lista de favoritos, elogiándolo o agradeciéndole algo auténtico. De ahora en adelante, intenta elegir a una persona nueva cada día: un amigo, un compañero de trabajo, un antiguo entrenador, el profesor de tu hijo, tu tía, tu médico. Cuantos más elogies, más natural será.

Destacar lo correcto no sólo fomenta un comportamiento positivo, sino que también hace que las personas se sientan bien, lo que, a su vez, te hace sentir bien a ti. Mejor aún, descubrirás que, por lo general, la gente te elogiará; ¡te sorprenderá la cantidad de comentarios increíbles que recibirás a lo largo del día diciéndote lo genial que eres! Acabas de enriquecer su mundo y, como resultado, ellos enriquecen el tuyo. Y les has dado permiso para elogiar, convirtiéndolos en proveedores de elogios e iniciando un círculo virtuoso.

Tanto si dirigimos un crucero, una empresa, un aula o cualquier otra cosa, si queremos ayudar a los demás a mejorar su rendimiento y potencial, debemos ayudarles a enfocar su atención en lo que hacen bien. Del mismo modo en que la luz se desvía y se refracta al entrar en contacto con un prisma, cuando elogiamos de manera correcta, ese elogio se refleja directamente en nosotros, sólo que magnificado. Pero para lograrlo, necesitamos aprender a desviar la luz para que la atención se centre en la base.

ESTRATEGIA N.º 3: ELOGIA LA BASE

Durante la última década, he asistido y dado charlas en más de quinientas conferencias de ventas. Así es: quinientas. A estas alturas, lo he visto todo. En la primera, subí al escenario torpemente y de inmediato me envolvió una nube de niebla creada por máquinas de humo que me apuntaban directamente mientras «Welcome to the Jungle» sonaba de fondo a todo volumen… tras lo cual di una charla sobre la investigación de la atención plena y cómo «cancelar el ruido» en nuestras vidas (en serio). En otra conferencia, el líder que me presentó golpeó con un mazo una pared de «cristal» que se había erigido en el escenario (en realidad era un panel de azúcar transparente) para demostrar lo entusiasmados y preparados que estaban para «derribar todas las barreras de ventas». Después de que los dos primeros golpes de martillo no funcionaran, el tercero destrozó la pared, provocando gritos mientras la metralla de azúcar volaba hacia las primeras filas de los asistentes, quienes, por supuesto, asumieron que era cristal que les volaba a la cara. En otra ocasión, seguí a un novillo de cuernos largos en el escenario. No sé por qué. La cuestión es que, aunque estas conferencias de ventas parecen estar llenas de sorpresas, después de quinientas charlas, he aprendido que también hay una constante.

En algún momento de la conferencia, se puede predecir con certeza que se podrá escuchar a algunos líderes sénior, o incluso al director ejecutivo, hacer exactamente lo que les enseñaron en la escuela de negocios: elogiar. Semanas antes, sus asistentes investigaron quién había generado más ingresos, cerrado más tratos o generado más negocios. Ahora invitan a esos ganadores al escenario. Enumeran sus logros y éxitos. Les estrechan la mano y se hacen una foto. Luego los devuelven a sus asientos vip. Mientras tanto, el 95 % restante de los empleados está sentado entre el público, por lo general enviando mensajes de texto o consultando ESPN.com en sus teléfonos, sintiéndose, en el mejor de los casos, aburridos o apáticos; en el peor, llenos de desesperación o desdén.

Este tipo de elogio –el reconocimiento que sólo se otorga a quienes tienen el mejor desempeño– es un elogio de Bajo Potencial. El elogio de Bajo Potencial destaca a una persona que ya está en la cima, y luego se desvanece. El elogio de Gran Potencial destaca al sistema de apoyo que hizo posible el alto rendimiento. Ese sistema de apoyo, ya sean compañeros de trabajo, familiares o amigos, es tu «base», y cuando elogias esa base, elevas todo el sistema que se fundamenta en ella. Sé que algunos lectores podrían pensar que estoy abogando por dar trofeos a todos los del equipo perdedor. No es así. Dar trofeos a todos es erróneo, y la investigación es clara: si se da a las personas elogios no auténticos, es contraproducente porque destruye la confianza.[5] En cambio, digo que cuando elogiamos una victoria, también debemos reconocer a los jugadores de apoyo que hacen posible las victorias. No estoy diciendo que dejemos de elogiar a los de alto rendimiento, ni que elogiemos sólo a los de bajo rendimiento. Digo que debemos centrar más la atención en el jugador que dio la asistencia, no sólo en el que marcó el gol de la victoria, porque este último ya recibió su merecido reconocimiento con los halagos del público y la emoción del gol. En la mayoría de las empresas, los jugadores de alto rendimiento ya han recibido su recompensa en forma de calificaciones más altas, un salario más alto o un título más alto. Por lo tanto, debemos asegurarnos de recompensar también a quienes hacen contribuciones menos visibles, pero no menos valiosas, al éxito del equipo. Mantén la luz fija en la base y se reflejará hacia arriba y hacia afuera, para que la parte superior brille aún más.

A menudo dedicamos tanto tiempo y energía a mejorar el rendimiento de las personas que descuidamos *la moral colectiva del equipo*. En su artículo «Feeling Good Makes Us Stronger: How Team Resilience Mediates the Effect of Positive Emotions on Team Performance» (Sentirse bien nos hace más fuertes: cómo la resiliencia del equipo media el efecto de las emociones positivas en el rendimiento del equipo), investigadores españoles ampliaron la investigación de Barbara Fredrickson sobre las emociones individuales y, en cambio, analizaron el estado emocional colectivo del equipo.[6] Descubrieron que, incluso con una o

---

5. https://qz.com/587811/stanford-professor-who-pioneered-praisingeffort-sees-false-praise-everywhere/

6. Meneghel, I., Salanova, M., y Martínez, I., *Journal of Happiness Studies* 17, 239-255, febrero de 2016.

dos personas positivas, si el equipo no es resiliente en conjunto, tanto los resultados del equipo en su conjunto como *el rendimiento individual* de sus integrantes disminuyen. Dado que recompensar sólo a los que mejor rinden inevitablemente genera celos, envidia y una competencia desleal, es la forma más rápida de destruir la resiliencia, la moral y la confianza de un equipo.

Nick Saban, entrenador principal del equipo de fútbol americano de la Universidad de Alabama y uno de los entrenadores de más éxito de todos los tiempos, no practica la alabanza como la mayoría de los entrenadores. Saban no suele entusiasmarse en público por jugadores individuales. No entrega balones del partido al jugador más valioso (MVP, por sus siglas en inglés). Señalar a alguien de esa manera, explica, iría en contra del objetivo de elevar al equipo en su conjunto. Él sabe que ningún jugador de fútbol americano gana un campeonato solo, del mismo modo que ninguna persona consigue el éxito sola en ninguna disciplina. Él cree que las victorias colectivas deben merecer alabanzas colectivas.

El exentrenador de Missouri, Gary Pinkel, comenta sobre Saban: «Es increíble lo que ha hecho, casi milagroso. Consigue a los mejores jugadores, pero consigue que se integren en su sistema y en el equipo. Ésa es la clave. Juegan los unos para los otros, no para sí mismos ni para nadie más, y creo que ésa es una de las principales razones por las que siempre juegan tan bien en este tipo de partidos [de *playoffs*]».[7]

Al elogiar la base logra realzar todo el sistema estelar, no sólo a una sola superestrella.

Las fuerzas armadas también saben cómo hacer bien el reconocimiento. Cuando yo estaba en el adiestramiento básico para mi beca del Cuerpo de Entrenamiento de Oficiales de Reserva de la Armada (Navy ROTC, por sus siglas en inglés), no destacaban a los corredores más rápidos ni a los que mejor realizaban las marchas. Después de todo, en una situación de combate, no importa lo rápido pueda correr un solo individuo; si uno solo del pelotón se queda atrás, todos corren peligro. Así que en el ROTC, si una persona no puede subir la pared, todos

---

7. www.espn.com/college-football/story/_/id/18418243/alabama-crimson-tide-coach-nick-saban-teams-play-bestchampionship-games

tienen que empezar de nuevo. Si todo el equipo no llega al punto designado en el momento establecido, todos corren. Si una persona cae del bote inflable, le dan la vuelta al bote para que todos caigan. *Triunfamos juntos o fracasamos solos.* Esta filosofía está en el corazón del Gran Potencial, y necesitamos adoptarla con urgencia en nuestras escuelas y empresas.

Es de miopes pensar que un logro, por grande o pequeño que sea, surge de la nada. Por eso, siempre que recibo un elogio –quizá un correo electrónico de alguien que comenta cuánto le cambió la vida uno de mis libros, o una ovación de pie después de una charla–, siempre le digo a mi equipo: «Recibimos un correo electrónico excelente». O «Nos invitaron a hablar en una conferencia importante». Porque es así; aunque mi nombre fuera el de la portada del libro, y aunque yo fuera quien estuviera en el escenario, el esfuerzo de mi equipo forma parte de cada libro que escribo y de cada discurso que doy. Lo mismo se aplica para ti. Eso no es humildad, es la realidad.

Así que, cada vez que recibas un elogio, pregúntate primero quién te ayudó a llegar allí. No buscas minimizar tu logro; quieres reflejar el reconocimiento, en lugar de absorberlo o desviarlo. Quieres destacar a quienes te ayudaron a llegar ahí, ya sea el equipo de investigación que recopiló los datos que utilizaste para cerrar el trato, el defensa central que avanzó con el balón o el familiar que repasó contigo los temas la noche anterior a los exámenes. Al hacerlo, fortaleces el mismo sistema que te genera cada vez más elogios: tu base.

Del mismo modo, cuando elogies a alguien por correo electrónico o mensaje de texto cada mañana, intenta preguntarte quién más contribuyó a su éxito. Por ejemplo, si envías un mensaje a tu colega felicitándolo por los excelentes resultados de su ingeniosa campaña de *marketing*, envía una nota similar al asistente que lo ayudó a ejecutarla. Michael Jordan dijo: «El talento gana partidos, pero el trabajo en equipo y la inteligencia ganan campeonatos». Nuestros elogios deben dirigirse a los jugadores de apoyo, no sólo a las superestrellas.

En lugar de traer sólo a los mejores artistas al escenario, necesitamos invitar a quienes contribuyeron a su éxito, ya sea un asistente, un trabajador del almacén, un mentor u otra persona. Y cuando invitemos a los mejores artistas, deberíamos pedirles que agradezcan a su mayor apoyo en el escenario. En lugar de prodigar más atención a las superestrellas que ya están en el foco, redirigimos la atención hacia el resto de las estrellas que no siempre tienen la oportunidad de brillar.

Y en nuestras escuelas y familias, debemos darnos cuenta de que cuando un niño tiene un buen desempeño, tenemos una oportunidad increíble de reconocer el apoyo que lo llevó hasta allí. Por ejemplo, podemos agradecer al hermano menor que estaba en las frías gradas animando a su hermano cuando marcó el gol. O podemos demostrar cuánto apreciamos a la hermana mayor que ayudó a enseñarle a leer a tu hijo menor. Cuando nuestros hijos sobresalen en una materia o tema escolar, podríamos animarlos a agradecer a sus maestros el papel que desempeñaron en ese éxito.

Al elogiar la base, la especificidad y la autenticidad son primordiales. Esto significa que no debes decirle al empleado más joven «Gracias por tu ayuda en ese proyecto»; debes decirle exactamente cómo su trabajo contribuyó directamente al éxito del proyecto. No sólo debes agradecerle a tu hijo mediano que sea un «hermano comprensivo»; debes destacar cómo hizo que su hermano se sintiera apoyado. Cuanto más específico seas, más auténtico se verá el elogio y más probable será que la gente lo comparta.

En el mundo moderno, los logros individuales han pasado de moda. Nadie fabrica chips informáticos con mayor velocidad de procesamiento, nadie inventa un nuevo fármaco ni cura el cáncer. En el futuro, los mejores descubrimientos y avances los realizarán los sistemas estelares, no las superestrellas individuales. Haríamos bien en tener esto presente al otorgar reconocimientos y elogios.

ESTRATEGIA N.º 4: DEMOCRATIZA LOS ELOGIOS

En un artículo de la *Harvard Business Review*, describí una vez una interacción con un líder de una empresa de la lista Fortune 100 que me dijo: «No necesitamos un programa de reconocimiento. Pagamos a la gente para que se involucre». Es una frase sorprendentemente común entre líderes poco informados: un supuesto basado en la creencia de que un salario alto equivale a un alto nivel de compromiso. Irónicamente, yo argumentaría que, en realidad, a él le pagaban para generar compromiso en las personas, lo que significa que si no elogiaba, no estaba haciendo su trabajo».

Un buen líder elogia a quienes hacen posible el éxito. Un gran líder no se limita a elogiar a los demás, sino que los convierte en sus propios elogios.

En una época en la que tantas personas se sienten sobrecargadas y poco valoradas en sus empleos y lugares de trabajo, ¿cómo podemos transformar la pasividad en elogios? Recordemos que, con un prisma, se necesitan múltiples superficies para refractar la luz. Lo mismo debe aplicarse a los elogios en nuestras organizaciones, escuelas y lugares de trabajo. Debemos fomentar una cultura en la que todos, independientemente de su puesto, puedan participar en la difusión de los elogios, en lugar de esperar que vengan de arriba abajo. En otras palabras, necesitamos democratizar los elogios. Piensa en esto como en una combinación de dos caminos hacia el Gran Potencial: Debemos EXPANDIR nuestro poder para MEJORAR a los demás. Necesitamos convertir a las personas en proveedores de elogios, no en avaros de elogios.

Dos nuevos estudios de investigación en los que he participado están allanando el camino hacia diversas soluciones innovadoras en la era de Internet para democratizar los elogios. La idea de esta investigación surgió cuando participé en la conferencia WorkHuman de 2015 junto a Adam Grant, Arianna Huffington y Rob Lowe, quienes, a pesar de ser expertos en diferentes campos, compartían un mensaje coherente: necesitamos encontrar soluciones eficaces y escalables para crear una fuerza laboral positiva y comprometida.

En concreto, quería descubrir cómo podríamos utilizar la tecnología para implementar el reconocimiento y los elogios de forma que impactaran positivamente en los resultados empresariales. Empecé colaborando con Globoforce, creadores de una herramienta que permite a los empleados de toda la empresa compartir públicamente el agradecimiento, las felicitaciones y el reconocimiento de sus compañeros a través de una red social que permite a todos los miembros de la organización ver y emular los éxitos de los demás en tiempo real. Los frutos de este trabajo están empezando a materializarse y podrían servir de modelo para desarrollar mejores programas de reconocimiento en el trabajo.

Comenzamos probando esta herramienta con JetBlue Airways. Tras ser reconocida por J. D. Power como la aerolínea de bajo coste con mayor satisfacción del cliente durante once años consecutivos, JetBlue había sufrido recientemente una caída en el compromiso de sus empleados, ya que luchaba por consolidar su cultura positiva y centrada en el servicio tras un período de crecimiento explosivo. La compañía buscaba recuperar algunos de sus valores fundamentales: trabajo en equipo, atención y cultura, y reconoció que, para lograrlo, necesitaba priorizar los elogios.

Así que Globoforce construyó para JetBlue un programa social de reconocimiento «entre pares» mediante el cual cualquier «miembro de la tripulación» (como se llama a los empleados) podía nominar a un compañero de trabajo para que fuera reconocido por su esfuerzo o desempeño ejemplar. Ese reconocimiento luego se compartiría en toda la empresa en un canal de noticias interno, donde los compañeros de trabajo podrían publicar sus propias notas de agradecimiento o felicitación. El destinatario del reconocimiento también recibiría «puntos», muy similares a los puntos de una tarjeta de crédito o las millas de viajero frecuente, que podría gastar como quisiera. Podría optar por canjear la recompensa de inmediato por una tarjeta regalo para un restaurante popular, por ejemplo, o podría optar por ahorrar para un artículo más caro, como unas vacaciones o un crucero. La idea era democratizar los elogios en toda la organización para que cualquier persona, sin importar su rol o rango en la empresa, pudiera mejorar y ser mejorado por cualquiera de sus pares.

Los resultados fueron impresionantes, lo que se tradujo en niveles significativamente más altos de desempeño y compromiso de los empleados, así como en una mayor lealtad de los clientes. Específicamente, por cada aumento del 10 % en los casos de reconocimiento, JetBlue experimentó un aumento del 3 % en la retención y del 2 % en el compromiso, y una evaluación externa de Symantec reveló un aumento del 14 % en las puntuaciones de compromiso en general. Dado que la rotación puede ser uno de los problemas más costosos en una empresa (el costo de reemplazar a un empleado oscila entre el 20 % y el 150 % de su salario), un cambio del 3 % en la retención puede representar decenas de millones de dólares, dependiendo del tamaño de la empresa.

Además, los datos de JetBlue mostraron que los miembros de la tripulación comprometidos tenían tres veces más probabilidades de sorprender gratamente a sus clientes y el doble de probabilidades de ser destacados de manera sobresaliente en los comentarios positivos reportados por los clientes. Por lo tanto, democratizar el reconocimiento no consiste sólo en mantener felices a los empleados, sino también en impactar en la satisfacción y la lealtad del cliente.

Un sistema digital para elogiar no es frío ni impersonal; es simplemente una plataforma que empodera a más personas para ser prismas de elogio. No sólo nos permite impulsar a las personas a mayor escala, sino que, al ser el reconocimiento completamente voluntario —no impuesto por una iniciativa de RR. HH. ni una evaluación de desempeño—, se percibe más como una expresión orgánica de gratitud, que es exactamente lo que es. Y como cada persona puede elegir lo que le resulta significativo como recompensa, recibe algo mucho más personal que, por ejemplo, una placa genérica producida en masa, a la vez que evita incidentes incómodos como que un vegano reciba una cena de carne gratis o que un empleado sordo reciba un iPod (ambas historias reales de reconocimientos fallidos). Y, por último, la naturaleza compartida del reconocimiento no sólo enriquece al destinatario, sino también a todos los miembros de la empresa que ven que sus logros se aprecian y reconocen, y se sienten motivados e inspirados por ellos. Como dijo el poeta romano Cicerón: «La gratitud no sólo es la mayor de las virtudes, sino la madre de todas las demás». Seamos claros: no sugiero que el reconocimiento sustituya a los merecidos aumentos salariales; ambos pueden y deben ir de la mano. Me encantaría que todas las empresas pudieran dar aumentos al trabajador promedio por un trabajo excelente. Pero como las empresas no tienen fondos ilimitados y muchas inevitablemente pasarán por momentos difíciles, es mucho mejor recompensar a las personas con aprecio y respeto que con nada. Y como las investigaciones demuestran que los elogios mejoran no sólo la satisfacción de los empleados de una empresa, sino también sus resultados, pueden contribuir a una situación financiera más sólida que favorezca los aumentos salariales.

De hecho, un proyecto de investigación que realicé con LinkedIn en colaboración con Christina Hall, Jimmy Nguyen y Libby Brendin reveló que el retorno de la inversión (ROI, por sus siglas en inglés) en elogios puede ser incluso mayor de lo que creemos. Descubrimos que el monto en dólares asociado a un reconocimiento tenía muy poca influencia sobre los niveles de compromiso y rotación del personal. Sin embargo, sí tenía impacto la frecuencia de los elogios. Si una persona recibía tan sólo tres o más interacciones o momentos de reconocimiento en un mismo trimestre, su calificación de desempeño en el siguiente período de evaluación aumentaba de manera significativa. Si recibía cuatro o más interacciones de elogio o reconocimiento en un trimestre, la tasa de retención subía al 96 % en el transcurso del próximo año. Los nuevos empleados tienen una tasa de retención del 80 %, pero si reciben un solo reconocimiento, no ocurre nada significativo. Si reciben dos, la retención se mantiene más o menos igual. A partir de tres o cuatro reconocimientos, la tasa de retención alcanza el 94 %. Eso es asombroso. Considerando que el costo promedio para reemplazar a un empleado podría rondar los 40 000 dólares, al hacer los cálculos vemos que ¡cada uno de estos breves momentos de reconocimiento valía 10 000 dólares! Este hallazgo nos recuerda algo crucial tanto en el trabajo como en casa: no son los momentos aislados de elogio los que cuentan, sino nuestra capacidad de ampliar el total de reconocimiento en nuestras vidas.

Pero éste es el hallazgo que me parece más sorprendente: si la persona recibió cuatro o más elogios durante el año, la cantidad de elogios que brindó a sus compañeros se duplicó. Descubrimos un punto de inflexión mágico: quienes recibieron elogios se convierten en proveedores de elogios en cuatro o más momentos de elogio. Así, se crea un círculo virtuoso mediante el cual los elogios se multiplican de forma continua. Incluso puede que hayas aprovechado un recurso crucial para potenciar tu propio poder para ayudar a los demás: los 31 ocultos.

ESTRATEGIA N.º 5: DESBLOQUEA LOS 31 OCULTOS

Recuerda que para crear un círculo virtuoso de elogios, se necesita encontrar la manera de convertir a otras personas en proveedores de elogios. Para eso, hay activar una célula latente especial de personas fundamentalmente positivas. En un estudio de investigación intersectorial que realicé con mi esposa y colega investigadora de psicología positiva, Michelle Gielan, en colaboración con la revista *Training*, descubrimos que un impresionante 31 % de las personas reportan ser «positivas, pero no expresivas en el trabajo». En la investigación de sistemas positivos, llamamos a estas personas «los 31 ocultos» y las consideramos la clave para crear un mayor efecto dominó de los elogios. Estas personas están a un paso de ser campeonas de la positividad en el trabajo. Ya son optimistas, sólo hay que potenciarlas.

Desde la publicación de este trabajo, a Michelle y a mí nos preguntan con frecuencia qué personas tienen más poder para influir en el comportamiento general de un ecosistema, las positivas o las negativas. La respuesta de la investigación es ninguna de las dos. Quienes tienen más poder son quienes más *expresan* su mentalidad, ya sea positiva o negativa. El problema es que la mayoría de los sistemas cuentan con un grupo enorme de personas (el 31 %) comprometidas y positivas, pero que no lo expresan, lo que significa que el guion social lo escriben, en gran medida, las personas negativas más elocuentes. La clave, entonces, es encontrar la manera de sacar a la luz a estas 31 personas ocultas.

Por supuesto, antes de convertir a los 31 ocultos en un ejército de elogios, primero hay que averiguar quiénes son. Hay varias maneras de hacerlo, desde encuestas formales hasta conversaciones informales. Por ejemplo, en un estudio, simplemente preguntamos a la gente: «En una escala del uno al cinco, ¿cómo de expresivo es tu optimismo en el trabajo?». O bien, se puede preguntar: «En una escala del uno al cinco, ¿cómo de cómodo te sientes al elogiar el trabajo de alguien de tu equipo?». O bien, «Cuando te sientes optimista, ¿cómo de receptivo encuentras a tu director?». Cuando las personas dicen ser optimistas, pero no lo expresan, son presas fáciles para el cambio. Con demasiada frecuencia, los directivos bienintencionados se centran en convencer a la persona más pesimista de la sala. En lugar de atacar con furia a los mayores detractores, activar a estos optimistas ocultos puede transformar una cultura de negativa o neutral a una positiva.

No creo que sea parcial ni exagerado decir que el libro de mi esposa, Michelle, es uno de los dos libros más importantes escritos en los últimos dos mil años. (Sí, me doy cuenta de que acabo de hacer un elogio comparativo). Soy un esposo orgulloso, y en *Broadcasting Happiness* describe dos excelentes estrategias para activar a los 31 ocultos. Primero, potencias tu propia «señal» al brindar más elogios. A medida que eres más expresivo al elogiar a los demás (ya sea de manera verbal o incluso sólo sonriendo para alentar a alguien durante una conversación), esencialmente estás modelando cómo expresar elogios, al mismo tiempo que cambias el tono de la conversación a uno más positivo. (Sólo asegúrate de ser un optimista racional, no alguien que no está en contacto con la realidad). Segundo, después de identificar a los 31 ocultos, sugiere formas en que puedan probar ser expresivos sin un alto costo, tal vez animándolos a enviar un correo electrónico de felicitación o preparándolos para que intervengan durante una conversación en la que reconoces a alguien por un excelente desempeño. (Por ejemplo, «La presentación de Bob fue estupenda, ¿no?»). De esta manera, incluso los introvertidos pueden encontrar formas seguras de expresar su positividad.

Creo que esta investigación es importante, porque la mejor manera de lograr que alguien exprese lo que piensa o siente es hacerle saber que no está solo. Si eres una persona positiva, pero sientes que quienes te rodean no lo son, puedes animarte: el 31 % de las personas que te rodean en el trabajo, que ahora no parecen particularmente comprometidas o positivas, en realidad lo son, sólo que no lo demuestran. Esto significa que tienes una probabilidad entre tres de que la persona en apariencia neutral o negativa con la que hablas sea en realidad optimista. Y una vez que demuestres que te sientes seguro expresando elogios y positividad, te sorprenderá cuánta gente se abre.

ESTRATEGIA N.º 6: NO ELOGIES SÓLO EL RESULTADO; ELOGIA TAMBIÉN PARA QUE SE DÉ UN RESULTADO

Cada año, el día anterior al inicio de clases en Harvard, los estudiantes de primer curso, nerviosos y emocionados, se reúnen en la feria anual de actividades. Allí deambulan, observan los diversos puestos y fantasean con todos los clubes divertidos y sociedades exclusivas a las que se unirán y con los equipos deportivos ganadores de campeonatos en los que harán pruebas. Y cada año, el entrenador Blocker se detiene frente al edificio Sever Hall, a unos metros del lugar donde se lleva a cabo la feria, y observa a los estudiantes de primer año. Entre los exalumnos es bien sabido que lo hace cada año. Sin embargo, entre los estudiantes nuevos, no. Y yo no fui una excepción. Todo lo que sabía era que cuando pasé junto al Sever Hall aquella tarde, un hombre grande con mejillas sonrosadas apareció de repente en mi camino, extendió su gruesa mano hacia mí, me señaló y dijo: «Hijo, ¿has estado alguna vez en un equipo de remo? Tienes el tipo de físico ideal para tener un éxito increíble en ese deporte».

Ahora, tal vez pienses que debería haber sido escéptico ante tal cumplido. Pesaba quizá unos sesenta y ocho kilos estado calado hasta los huesos, y creo que la mayoría de los pájaros se habrían preguntado si mis piernas, flacuchas como ramitas, podrían soportar el peso. Pero en lugar de considerar que quizá ese hombre tuviera un trastorno visual poco común, me sentí como si el Oráculo hubiera apartado a la multitud y me hubiera señalado a mí como «El elegido». Respondí que nunca había practicado el remo, lo cual era quedarse corto. (En realidad, nunca había estado en un bote, a menos que cuentes una casa flotante en el lago Waco). Entonces el entrenador Blocker puso su gruesa mano sobre mi hombro y me confió: «Bueno, entonces, hijo, yo mismo te enseñaré. Tienes que venir a mi reunión exclusiva por invitación esta noche en el club de remo a las ocho en punto mientras monto el equipo de novatos».

Ni siquiera pude esperar a que terminara la feria de actividades para llamar a mis padres y anunciarles con orgullo que me habían reclutado para el equipo de remo de primer curso. Lo que hace que la siguiente parte de la historia sea mucho más vergonzosa. Cuando llegué a las ocho de la tarde, me encontré en una sala llena de más de cien estudiantes de primer año, todos allí dispuestos a remar. La reunión era sólo por invitación, cierto. Pero lo que Blocker no había mencionado era que había invitado a prácticamente todos los alumnos de primer año. Y resulta que lo había hecho no sólo esta vez, sino año tras año. En una época en la que los impresionables estudiantes de primer año ansiaban atención y dirección, los elogió. Y de repente, cien estudiantes que podían o no tener el tipo de cuerpo adecuado para remo se encontraron en la reunión introductoria para elegir «babor o estribor», aunque la mayoría no podía ver la diferencia. Por supuesto, muchos no superarían el primer entrenamiento, y muchos más no durarían una temporada completa. Pero la cuestión es que Blocker les dio *la oportunidad de intentarlo*. A veces encuentra una joya en bruto: un estudiante que participa en remo en su primer año y termina entrando al mundialmente famoso equipo universitario. E incluso cuando no lo consigue, sus elogios, aunque indiscriminados y dispersos, ayudan a los estudiantes a creer en su propio potencial, y de ese modo elevan así el límite de lo que pueden lograr.

(En caso de que te lo preguntes, llegué a la primavera antes de que mi canoa quedara atrapada bajo una boya y seis de los ocho que éramos tragáramos demasiada agua sucia del río Charles como para seguir compitiendo. Pero estoy orgulloso de haber remado en el equipo).

Cuando intentamos ayudar a los demás, solemos centrarnos en los éxitos o resultados del pasado. Pero los elogios también pueden ser un incentivo para los futuros, ya que nos ayudan a creer en nuestro potencial. En otras palabras, debemos elogiar no sólo los logros y esfuerzos pasados, sino también aquellos que queremos alcanzar en el futuro.

Una manera de lograrlo es seguir el ejemplo del entrenador Blocker y atribuir a las personas cualidades que predicen su potencial futuro. Por ejemplo, «Serías un líder excelente aquí porque te preocupas mucho por la empresa». O «Serías un gran activo para el equipo de remo porque eres fuerte y atlético». Dejando a un lado mi historia, este tipo de elogio funciona mucho mejor cuando es auténtico, pero lo que suele ocurrir es que las personas asocian el «amor por la empresa» o el «físico atlético» con su identidad personal, lo que refuerza precisamente el rasgo que les ayudará a convertirse en mejores líderes, ganarse un puesto en el equipo de remo, etc. Es muy probable que quienes me han visto dar una charla me hayan oído bromear diciendo que la gente «conoce mi ciudad natal, Waco, pero por las razones equivocadas». (Solía suponer que mucha gente lo relacionaba con la secta de David Koresh de los años noventa o la pelea de motociclistas de 2015). Pero hoy, el popularísimo *reality show* de HGTV, *Fixer Upper*, ha vuelto a poner a Waco en el mapa, y afortunadamente con una narrativa positiva. Para quienes no lo sepan, el programa sigue a Chip y Joanna, una pareja que recorre Waco transformando casas ruinosas y deterioradas en hermosos lugares para vivir en familia. Cuando le preguntaron a Chip qué le entusiasmaba de arreglar casas, respondió: «Simplemente me gusta convertir en dignas cosas que otros consideran indignas».

Me encanta esta filosofía de vida porque reconoce la belleza del potencial futuro. Al enriquecer a los demás y ayudarlos a ver su valor, podemos convertirlos en prismas de luz que enriquecen a quienes los rodean. Ese tipo de poder es el Gran Potencial en acción.

CAPÍTULO 6

DEFENDERSE DE LAS INFLUENCIAS NEGATIVAS

Protege el sistema contra ataques

LO OPUESTO A LA TRISTEZA

Soy hijo de un neurocientífico. Así que, como haría cualquier buen hijo de neurocientífico, la primera película que le enseñé a mi hijo fue *Del revés* de Pixar. Esta película, basada en la asesoría del neurocientífico Dacher Keltner de la Universidad de California en Berkeley, personifica de forma lúdica y conmovedora cinco emociones: ira, miedo, asco, tristeza y alegría, que compiten por el poder en el cerebro de una niña llamada Riley mientras se muda a San Francisco dejando atrás a sus amigos. (Curiosamente, en una charla que escuché de Keltner, quería que también hubiera otros personajes como Asombro y Vergüenza, pero Pixar dijo que cinco emociones ya son bastante difíciles de manejar). Mi objetivo al mostrarle la película a Leo era ayudarlo a entender por qué sentía diferentes emociones y a darles un nombre. Y como haría cualquier investigador de la felicidad que se precie, me entusiasmó especialmente presentarle al personaje de Alegría.

Una semana después, Leo y yo estábamos en Target «visitando a nuestros amigos» en el pasillo de los juguetes (eso significa que pasamos un rato juntos, pero no nos traemos ninguno a casa), cuando de repente vi algunos personajes de peluche de *Del revés*. Grité con entusiasmo: «¡Mira, Leo, Alegría!». Sus ojos se abrieron de par en par, una enorme sonrisa se dibujó en su rostro y, con un entusiasmo desbordante, alcanzó la criatura de peluche junto a Alegría y gritó: «¡Tristeza!». «Oh, no, no puede ser», pensé. Volví a señalar con entusiasmo a Alegría mientras él me ignoró con satisfacción y se acurrucó cerca de Tristeza. Al darme cuenta de lo precioso del momento, agarré otra Tristeza del estante, y durante cinco minutos un investigador de la felicidad se sentó con las piernas cruzadas en el suelo de Target acunando a Tristeza con su hijo.

Este simple momento es paralelo a una de las lecciones más importantes y profundas de este libro: al contrario de lo que mucha gente cree, emociones como la tristeza, el miedo y la ira no obstruyen el camino hacia el Gran Potencial. Al contrario: son necesarias y útiles. Digo en mis charlas que lo opuesto a la felicidad no es la infelicidad. De hecho, la infelicidad puede impulsar un cambio positivo increíble: la infelicidad me recuerda cuándo me siento solo y necesito acercarme a mis amigos, la infelicidad me dice cuándo estoy haciendo algo que va en contra de mis valores fundamentales y la infelicidad me dice cuándo mi trabajo no está en línea con mis prioridades. Lo opuesto a la alegría no es la tristeza; es la apatía, que es la pérdida de energía para continuar persiguiendo las propias metas. Si pierdes tu alegría, la búsqueda del Gran Potencial se vuelve inútil y sin sentido.

Anhelamos una vida perfecta, tanto en el trabajo como en casa. Seguramente podríamos experimentar más alegría y alcanzar más éxito en un mundo donde todo salga como queremos, todos estén de acuerdo con nosotros y el trabajo siempre sea divertido. Y nos frustramos cuando estas cosas no ocurren. El mayor obstáculo para algunos lectores de este libro será confiar en nuestra capacidad de alcanzar un Gran Potencial cuando el mundo parece estar recompensando las cosas equivocadas e incluso castigando las buenas. John Mayer expresa la frustración en una canción: «Ahora vemos que todo va mal / con el mundo y aquellos que lo lideran /… Así que seguimos esperando / esperando que el mundo cambie». Pero si seguimos esperando, el mundo nunca cambiará. Puede que no tengamos el poder de controlar el mundo, pero sí tenemos el poder de DEFENDER lo bueno que hay en él.

La buena noticia es que podemos dejar de esperar que un mundo perfecto nos apoye en nuestra búsqueda del Gran Potencial. No debemos desesperarnos si experimentamos miedo, ira o tristeza. De hecho, son cruciales. Se vuelven problemáticos sólo cuando se desequilibran: cuando nuestro miedo se transforma en parálisis, cuando nuestra rabia se convierte en ira, cuando nuestra tristeza se convierte en desesperación. La clave está en defendernos de las fuerzas que conspiran para empujarnos al abismo.

Como recordarás de la historia del capítulo 2, cuando se introdujeron lobos en Yellowstone, a los castores probablemente no les pareció muy divertido. Pero resultó que la llegada de una amenaza depredadora terminó *fortaleciendo* todo el ecosistema. De la misma manera en que las vacunas defienden nuestro cuerpo contra enfermedades al introducir un virus en nuestro sistema inmunitario, la presencia de amenazas en nuestro Ecosistema del Potencial puede ayudarnos a inmunizarnos frente a ellas. Ambos casos son ejemplos de cómo la presencia de fuerzas que parecen negativas en tu vida puede servir para hacer tu sistema más fuerte y saludable. Este capítulo trata sobre cómo convertir esos aspectos negativos en fuentes de fortaleza y resiliencia para poder prosperar en un mundo que a veces está desequilibrado.

DEFENSA CONTRA LAS ARTES OSCURAS

Cuando era estudiante de posgrado en Harvard, pasaba la mayor parte del tiempo en cafeterías, escribiendo, pensando y conociendo gente. Pero cuando quería un cambio de aires, visitaba las diferentes bibliotecas del campus. Cada una, desde la de la Facultad de Derecho hasta la de Diseño, tenía no sólo un aspecto diferente, sino también una atmósfera distinta. Empecé a fijarme en que cada vez que iba a estudiar a la biblioteca de la Facultad de Derecho de Harvard, me iba frustrado, irritado y agotado, pero sin motivo alguno. ¿Qué podría estar atacando mi energía y concentración en la biblioteca de Derecho de Harvard que me dejaba en paz en otros lugares?

Una conversación con otra estudiante de posgrado pronto me dio la respuesta. Llevaba tiempo en Harvard y era una experta reconocida en lugares de estudio del campus. La biblioteca Widener, donde estudiaba la mayoría de los alumnos de pregrado, era, según me dijo, «una agradable mezcla de optimismo juvenil y dedicación seria, con una leve sensación de inferioridad reducida»; en otras palabras, un buen lugar para encontrar motivación cuando estabas descuidando algún proyecto. Describió la biblioteca de la Escuela de Teología como «austera pero con matices profundos y sutiles indicios de inspiración», es decir, ideal para escribir trabajos sobre temas amplios. Las bibliotecas «aterciopeladas y empalagosas» de las residencias universitarias, afirmó, eran buenas para enviar correos o flirtear. La biblioteca de Derecho, sin embargo, tenía «una presentación hermosa, pero con un sabor ácido y punzante que terminaba siendo amargo», algo que, según ella, no servía absolutamente para nada. Y tenía razón. La biblioteca de la Facultad de Derecho era una de las dos bibliotecas más hermosas, pero tras unas pocas visitas, la evité como si fuera la peste. La razón nos lleva nuevamente hacia la investigación central del Gran Potencial.

En el tercer capítulo («Rodéate de influenciadores positivos») aprendimos sobre cómo nuestros cerebros están programados para el contagio emocional y social, y cómo la presencia de incluso una persona positiva en una comunidad puede en realidad «infectar» con positividad a todos los demás. De la misma manera, la investigación muestra que también podemos aspirar negatividad, estrés y apatía como el humo un fumador pasivo. De hecho, los investigadores Engert, Miller, Kirschbaum y Singer han descubierto que simplemente observar a alguien que está estresado, sobre todo a un compañero de trabajo o a un miembro de la familia, puede tener un efecto inmediato en nuestro propio sistema nervioso, elevando nuestros niveles de la hormona del estrés, el cortisol, hasta en un 26 %. Sin embargo, el estrés de segunda mano es casi tan potente cuando proviene de un extraño; cuando los observadores vieron un evento estresante en vídeo con extraños, el 24 % todavía mostró una respuesta de estrés.[8] Además, los investigadores Friedman y Riggio de la UC Riverside descubrieron que si alguien en tu campo visual está ansioso y se muestra muy expresivo, ya sea verbal o no verbalmente, hay una

---

8. Engert, V., Plessow, F., Miller, R., Kirschbaum, C. y Singer, T., «Cortisol increase in empathic stress is modulated by social closeness and observation modality», *Psychoneuroendocrinology* 7, 192-201, 4 de abril de 2014.

alta probabilidad de que tú también experimentes esas emociones.[9] Las investigaciones han demostrado que incluso los banqueros que se encuentran en salas de operaciones separadas por paredes de cristal pueden percibir el pánico de una persona al otro lado de la sala simplemente observando su lenguaje corporal.

De hecho, ni siquiera necesitas ver ni oír a alguien para percibir su estrés, también puedes olerlo. Investigaciones recientes demuestran que el estrés produce hormonas específicas que se liberan al sudar.[10] Y el sistema olfativo humano no sólo puede detectarlas, sino que incluso perciben si estas hormonas son resultado de un nivel bajo o alto de estrés. En resumen, estar rodeado sólo de personas negativas y estresadas cambia enseguida nuestro equilibrio de la motivación y la positividad al agotamiento y la negatividad.

Conocida como una de las instituciones más hipercompetitivas en una universidad ya de por sí hipercompetitiva, la Facultad de Derecho de Harvard es un auténtico caldo de cultivo para la negatividad, la ansiedad, la frustración y el estrés. En una investigación previa, mi colega Liz Peterson descubrió que, si bien los estudiantes de Derecho que ingresan presentan niveles promedio de pesimismo y depresión, al cuarto mes, esos niveles triplican la media nacional. Además, a diferencia de los estudiantes de la Escuela de Negocios, que se juntan semanalmente para reuniones y eventos sociales, los estudiantes de Derecho sólo asisten a dos eventos sociales organizados por la facultad al año, lo que genera mayor competencia y menor conexión. Por eso, sentado entre pilas de diccionarios de Derecho elegantemente encuadernados en cuero y volúmenes de jurisprudencia, no es necesario estar estudiando para el examen de abogacía para percibir los ataques visuales y olfativos a la motivación y la productividad. Si no nos DEFENDEMOS estratégicamente, el simple hecho de estar en el mismo entor-

9. Friedman, H. S., y Riggio, R. E., «Effect of individual differences in nonverbal expressiveness on transmission of emotion», *Journal of Nonverbal Behavior* 6 (2), 96-104, 1981. http://link.springer.com/ article/10.1007%2FBF00987285?LI=-true

10. Dalton, P., Mauté, C., Jaén, C., y Wilson, T., «Chemosignals of stress influence social judgments», *PLOS ONE* 8, e77144, 2013.

no con personas que emanan competitividad y estrés puede disminuir nuestro potencial.

En el capítulo 3 («Rodéate de influenciadores positivos») hablamos de cómo, en el mundo actual, estamos hiperexpuestos a otras personas prácticamente todas nuestras horas de vigilia. Percibimos la energía estresante de nuestros compañeros de trabajo todo el día en nuestras oficinas diáfanas. Absorbemos de manera constante noticias deprimentes o angustiantes, o comentarios desagradables o negativos en redes sociales. Sentimos visceralmente el lenguaje corporal tenso y urgente de la gente en el metro, el autobús o el avión. Estas fuerzas son inevitables e ineludibles en nuestro mundo moderno. Por eso es crucial no sólo rodearse de influenciadores positivos, sino también defenderse de las inevitables influencias negativas de nuestro entorno.

Y, por desgracia, hoy en día hay más que nunca. Nuestras noticias están muy sesgadas hacia lo negativo.[11] Nuestros factores de estrés en el trabajo y la escuela están en niveles históricos. Las tasas de depresión y ansiedad han aumentado de forma drástica.[12] Además, basta con una sola negatividad en nuestra vida para desequilibrar todo el sistema. En *The Hidden Power of Social Networks*, los autores Rob Cross y Andrew Parker describen una investigación exhaustiva que sugiere que «aproximadamente el 90 % de la ansiedad en el trabajo es generada por el 5 % de la red de contactos de uno: las personas que nos quitan la energía».[13] Y una investigación de la Escuela de Negocios de Harvard muestra que una sola persona tóxica tiene un impacto mucho mayor que una superestrella en un equipo.[14] Empezamos a comprender que estas fuerzas dañinas pueden incluso estar ocultas, infiltradas en nuestro ecosistema sin que nos demos cuenta.

---

11. Gielan, M., *Broadcasting Happiness: The Science of Igniting and Sustaining Positive Change*, BenBella Books, Dallas, 2015.

12. www.independent.co.uk/life-style/health-and-families/features/teenage-mental-health-crisis-rates-of-depression-have-soaredin-the-past-25-years-a6894676.html

13. https://hbr.org/2011/07/managing-yourself-a-smarter-way-tonetwork

14. www.hbs.edu/faculty/Publication%20Files/16-057_d45c0b4ffa19-49de-8f1b-4b12fe054fea.pdf

Así que piensa en este capítulo como en una clase de Defensa Contra las Artes Oscuras (siempre he querido escribirlo). Como cualquier fan de Harry Potter sabe, es fantástico tener el poder de utilizar magia para defenderse de las fuerzas del mal. No puedo prometer magia, pero sí ofreceré cinco estrategias para defendernos, desarmar y vencer a las fuerzas que amenazan nuestra energía, creatividad, pasión y potencial:

ESTRATEGIA N.° 1: Construye un foso.
ESTRATEGIA N.° 2: Construye una fortaleza mental.
ESTRATEGIA N.° 3: Aprende el arte del aikido mental.
ESTRATEGIA N.° 4: Tómate unas vacaciones de tus problemas.
ESTRATEGIA N.° 5: Elige tus batallas.

Ten en cuenta que éste es el capítulo más corto, pero también el más denso en estrategia. No sugiero que pruebes todas las estrategias de este capítulo. Más bien, encuentra una que creas que podrías poner en práctica eficazmente en el trabajo o con tu familia ahora mismo; si funciona, añade otra. Construye tus defensas de manera estratégica, una cada vez, y constrúyelas completamente antes de pasar a las demás. Si construyes medio muro, los invasores podrán saltarlo.

Así que comencemos con nuestra primera estrategia: construir un foso alrededor de nuestro día para proteger nuestro estado de ánimo, nuestro optimismo y nuestra energía de los ataques de negatividad.

ESTRATEGIA N.° 1: CONSTRUYE UN FOSO

El monte Saint-Michel es uno de los lugares más hermosos del mundo. Después de graduarme de la universidad, fui a estudiar francés a París, donde no logré aprender el idioma, pero sí aprendí a comer constantemente. Un fin de semana, visité la isla del monte Saint-Michel, cuyas fortalezas han servido de inspiración para los castillos de la película *Enredados* y del videojuego *Dark Souls* (que, por cierto, se me da de maravilla). Durante la guerra de los Cien Años, un pequeño grupo de soldados destinado en la isla logró repeler un ataque frontal de los ingleses, mucho más poderosos. Esto no se debió a la destreza de sus fuerzas, a una planificación superior ni a la pura suerte, sino a que el monasterio y la comunidad se asientan en una «isla de mareas», lo que significa que, salvo en las horas de marea baja, está rodeado por un foso creado íntegramente por la naturaleza. No se trata de un foso insignificante y poco profundo. ¡Este foso crece hasta 13 metros entre la marea baja y la marea alta! Cada día, con la subida de la marea, el agua cubría la pequeña calzada que conducía a la isla, imposibilitando el paso al castillo. Esto significaba que este pequeño grupo de soldados no tenía que defenderse de los británicos durante todo el día; sólo tenían que concentrar sus tropas y energías para repeler los ataques durante las horas de marea baja. Un foso de marea es la metáfora perfecta del tipo de foso que uso a diario.

Vivimos en una sociedad donde la tecnología nos permite estar más interconectados que en cualquier otro momento de la historia de la humanidad. Sin embargo, a medida que nuestros medios de conexión se han multiplicado, nuestra felicidad ha disminuido. Esto se debe a que ahora tenemos un suministro ilimitado y en constante renovación de negatividad, disponible al instante y al alcance de la mano: desde las aplicaciones de noticias de nuestros teléfonos hasta las cuentas de Twitter y las páginas de Facebook que revisamos constantemente, pasando por el correo electrónico en nuestras bandejas de entrada, y muchos somos adictos a alguna. Imagina intentar describir este fenómeno a alguien que vivió hace tan sólo un siglo: «Nunca lo creerás, pero en el futuro, podrás descubrir al instante si algo malo está sucediendo en cualquier parte del mundo, en cualquier lugar, a cualquier hora del día. ¡Sí! Hemos descubierto una manera de que alguien arruine por completo tu estado de ánimo, concentración y optimismo con un toque en tu iPhone... Te lo explicaré más adelante». Piénsalo. Por primera vez en la historia de la humanidad, alguien a quien no conoces y que nunca conocerás puede tener un impacto negativo inmediato en tu vida.

Los investigadores de la psicología positiva saben desde hace tiempo que escuchar noticias negativas puede tener un efecto inmediato en el nivel de estrés, pero nuevos estudios que Michelle Gielan y yo realizamos en colaboración con Arianna Huffington demuestran lo perjudiciales que pueden ser estos efectos para nuestra motivación y potencial. De hecho, descubrimos que tan sólo unos minutos dedicados a consumir noticias negativas por la mañana pueden afectar toda la trayectoria emocional del día; nuestro estudio[15] reveló que las personas que veían sólo tres minutos de noticias negativas por la mañana tenían un 27 % más de probabilidades de reportar un día infeliz entre seis y ocho horas después; era como tomar una pastilla venenosa cada mañana que volvía más tóxicos todos los esfuerzos, energías e interacciones del día.[16]

Cuando tu estado de ánimo es tóxico, tu potencial se resiente. ¿Cómo? Por un lado, numerosas investigaciones sugieren que un estado de ánimo negativo afecta a los resultados empresariales; al enfrentarse a tareas que requieren resolver problemas, las personas negativas se cansan antes, se rinden más rápido y encuentran menos respuestas correctas. Además, un aluvión de noticias negativas nos muestra una imagen del mundo aterradora en la que nuestro comportamiento no importa. En psicología, esta creencia de que nuestra conducta es irrelevante ante los desafíos se denomina «indefensión aprendida» y se ha relacionado con un bajo rendimiento y una mayor probabilidad de depresión.

Después de todo, la gran mayoría de las noticias centran nuestra atención en problemas mundiales sobre los que poco o nada podemos hacer. Vemos cómo el mercado cae quinientos puntos, o cómo un tsunami arrasa una ciudad costera, o cómo ISIS se prepara para atacar, y sabemos que, por mucho que deseemos hacer, somos incapaces de cambiar esos resultados. Sí, es importante saber qué sucede en el mundo, pero nuestra exposición a noticias desproporcionadamente más negativas tiene una consecuencia imprevista: menos confianza en nuestra propia capacidad para afrontar no sólo los desafíos del mundo, sino también nuestra propia vida.

Pero no se trata sólo de los medios tradicionales, también recibimos mensajes negativos en forma de correos electrónicos estresantes de clientes, de un colega gruñón al teléfono, de un jefe despótico en una reunión o de un amigo pesimista en Facebook. Las redes sociales son como un canal de noticias siempre activo, ¡y el contenido ni siquiera

---

15. www.huffingtonpost.com/entry/michelle-gielan-broadcastinghappiness_55d-3b320e4b055a6dab1ee4b

16. www.huffingtonpost.com/entry/michelle-gielan-broadcastinghappiness_us_55d3b320e4b055a6dab1ee4b

tiene que ser negativo para deprimirnos o molestarnos! Pueden ser las fotos de tus amigos en sus fabulosas vacaciones mientras estás en tu puesto, trabajando duro en un cubículo. Puede ser una publicación en Twitter diciendo que un amigo se acaba de casar, mientras tú todavía buscas el amor. Una actualización de LinkedIn avisándote de que un colega acaba de recibir un gran ascenso que te habría encantado. O las caras sonrientes de tus amigos en Facebook sosteniendo cartas de aceptación universitaria mientras tú no te enteras de nada. *Queremos* alegrarnos por nuestros amigos, y cuando estamos de buen humor por lo general lo hacemos, pero cuando nuestros recursos mentales son bajos, somos mucho más vulnerables a emociones tóxicas como la envidia, la amargura y el resentimiento.

Estas amenazas nos rodean. Por eso, necesitamos una manera de defender nuestro castillo.

Una estrategia supersimple es construir un foso en tu rutina diaria. Cuanto más simple, mejor. Aquí está la mía, y la recomiendo encarecidamente: nada de medios antes del desayuno o el café de la mañana, y nada de medios después de acostarte. Por «medios» me refiero a noticias, correo electrónico y *feeds* de redes sociales, en tu ordenador, tu teléfono, tu televisor o cualquier otro lugar. Al igual que el monte Saint-Michel, éste es un «foso de marea» que te protege en tus momentos más vulnerables del día. Cuando te despiertas por la mañana, tienes un nivel bajo de azúcar en la sangre, estás aturdido y sólo medio alerta. Como resultado, no tienes todos tus recursos a tu disposición para defenderte contra la avalancha de lo negativo. Lo mismo ocurre por la noche: exponerte a noticias negativas mientras tu cerebro hace la transición del día al sueño puede inclinarlo hacia el miedo o la ansiedad mientras intentas dormir.

De hecho, las investigaciones demuestran que cualquier tipo de medio, ya sea positivo o negativo, antes de acostarse puede despertar el cerebro y costarte hasta una hora de sueño de media por noche.[17] Por eso, la Fundación Nacional del Sueño ahora recomienda exactamente el tipo de foso mediático que describo: es decir, apagar todos los dispositivos tecnológicos treinta minutos antes de intentar dormir. En un estu-

---

17. https://sleep.org/articles/ways-technology-affects-sleep/

dio publicado en la prestigiosa revista *JAMA Pediatrics,* investigadores dirigidos por Ben Carter descubrieron que si un niño se expone a las luces brillantes y los sonidos de una tableta o un teléfono móvil antes de acostarse, esto altera sus biorritmos y su capacidad de calmar el cerebro lo suficiente para dormir.[18] Desafortunadamente, el 72 % de los niños de seis a diecisiete años se duermen con sus teléfonos. El teléfono inteligente se ha convertido en el osito de peluche moderno, con un enorme costo para la energía, la atención y el éxito escolar de nuestros hijos.

Lo bueno de la defensa del foso es que se construye en segundos. Literalmente, no tienes que hacer nada más que resistir la tentación. Al principio puede ser difícil dejar el hábito de mirar el teléfono segundos después de despertarte y quedarte dormido con él en las manos, pero créeme, cuanto más lo hagas, más fácil te resultará. Los hábitos se forman y se rompen con la acción.

Claro que construir una barrera no hace desaparecer las influencias negativas; sólo las mantiene a raya de manera temporal, y te da tiempo para construir tus defensas contra ellas. Así que, además de construir una barrera contra los medios en tu día a día, prueba estas tres sencillas estrategias, respaldadas por investigaciones, para defenderte del flujo constante de noticias negativas:

Desactiva las alertas

Intenta que tu consumo de noticias sea una opción activa, en lugar de ser esclavo del zumbido de tu teléfono y desactiva las alertas durante una semana. Desactiva las notificaciones automáticas de tu teléfono o correo electrónico. Incluso cuando las noticias no son negativas, estas alertas desvían nuestra atención del momento presente y nos distraen del trabajo, del tiempo con la familia y los amigos, o de los pocos minutos de reflexión que necesitamos para reenfocarnos o recargar energías. En cuanto te dejas llevar por esa alerta, te arriesgas a ahogarte en lo que el autor John Zeratsky llama una «piscina infinita»: flujos cons-

---

18. http://jamanetwork.com/journals/jamapediatrics/articleabstract/2571467

tantes, prácticamente infinitos, de información.[19] Pero ojos que no ven, corazón que no siente, así que cuantas menos alertas recibas, menos recursos mentales deberás invertir en estas distracciones. No dejes que el miedo a perderte algo te domine; si ocurre algo realmente importante, pronto te enterarás.

Cancelar el ruido

Vivimos en un mundo ruidoso, y parece que cada vez lo es más. En *Before Happiness,* escribí sobre cómo, de la misma manera que se puede cancelar el ruido en un avión con auriculares, se puede cancelar toda la cháchara negativa del cerebro practicando la meditación. O, si conduces o escuchas la radio o pódcast de camino al trabajo, intenta reducir el ruido en tu vida simplemente apagándolos durante los primeros cinco minutos del trayecto.[20] Cuando enciendas de nuevo la radio o el pódcast, intenta silenciar al menos una serie de anuncios por programa. Es difícil sintonizar con la señal de nuestra propia vida cuando somos bombardeados por todo el ruido que nos rodea.

Haz una desintoxicación de reuniones

Las reuniones sin sentido son un agujero negro de energía y productividad que atormenta a muchos equipos y empresas. Pero ¿cómo sabemos qué reuniones son ruido que debemos eliminar y cuáles son realmente productivas y necesarias? Podrías tomar ejemplo de los líderes de Dropbox que, en una decisión valiente, decidieron dejar de lado todas las reuniones recurrentes por un período de dos semanas. Aunque sabían que nunca podrían permanecer en el olvido para siempre, este período de desintoxicación les permitió romper la rutina y evaluar

---

19. https://medium.com/time-dorks/distractions-are-a-nuisance-but-infinity-pools-are-the-real-problem-e84122d62c0c#.sjt2befmd
20. www.amazon.com/Before-Happiness-Achieving-Spreading-Sustaining/dp/0770436730

objetivamente el valor de cada una de las reuniones antes de volver a agregarlas a su «menú» de la jornada laboral. Fue como renunciar a todos los azúcares durante un mes para descubrir qué tipos necesitas para obtener energía y combustible y de cuáles puedes prescindir. Durante los siguientes dos años, las reuniones de Dropbox se hicieron cada vez más cortas en duración, y los empleados las percibieron como cada vez más productivas, a pesar de que el número de empleados en la empresa se había triplicado.[21]

Crear un filtro automático

John Stix es un empresario canadiense que hizo fortuna en el mundo de las telecomunicaciones. Como muchos padres, le preocupaban las cosas horribles a las que los niños estaban expuestos en línea. Entonces se dio cuenta de que, si bien la tecnología podía haber sido la raíz del problema, también podía ser parte de la solución. Así que utilizó sus conocimientos técnicos y creó un dispositivo llamado KidsWifi. Parece una luz nocturna que se enchufa a la pared, pero en realidad es un rúter de alta tecnología que utiliza algoritmos sofisticados para monitorizar y filtrar cualquier contenido no apto para niños en todos los dispositivos cercanos. Ojalá tuviéramos algo así para filtrar las noticias negativas, para poder entrar en CNN.com y elegir la proporción de negativo a positivo que quisiéramos, en lugar de tener que filtrar imágenes e historias espantosas sobre guerras, desastres naturales y otras formas de sufrimiento humano para estar bien informados. ¡Espero que alguien que lea este libro cree este invento!

ESTRATEGIA N.º 2: CONSTRUYE UNA FORTALEZA MENTAL

El 12 de junio de 2016, un hombre aquejado por el cáncer del odio desató su furia contra una multitud en el club nocturno *Pulse* de Or-

---

21. https://www.inc.com/rebecca-hinds-and-bob-sutton/dropbox-secret-for-saving-time-in-meetings.html

lando. Las secuelas de esta tragedia —uno de los tiroteos masivos más mortíferos en la historia del país— fueron tan caóticas como desgarradoras. En las horas más oscuras de la noche, decenas y decenas de víctimas acudieron en masa al único centro de traumatología de la ciudad, el Orlando Health.

En una noche tan terrible, sólo hubo una bendición: la preparación del personal de Orlando Health para lo impensable. Estos médicos y enfermeros sabían cómo responder en una situación de crisis, tras haber perfeccionado sus habilidades en innumerables tragedias y accidentes, además de poseer años de formación. Habían elaborado procedimientos de admisión eficaces, protocolos para evitar errores innecesarios y prácticas para mantener una comunicación fluida entre los profesionales sanitarios, los pacientes y las familias. Pero, igual de importante, *estaban mental y emocionalmente preparados,* pues habían desarrollado una práctica mental que les ayudaba a mantener la calma, la concentración y la esperanza ante un estrés y una tristeza inconmensurables.

Dos años antes del tiroteo, los directivos del Orlando Health se comprometieron a capacitar a todos personal sanitario y administrativo con intervenciones para fomentar hábitos positivos. Para empezar la iniciativa, me invitaron a impartir dos sesiones de capacitación para toda la organización, desde el personal de enfermería hasta el administrativo. Después, contrataron a capacitadores de *La rana naranja* (Orange Frog), quienes crearon una narrativa social en el Orlando Health en torno a la parábola que describí en el capítulo 4, «Expande tu poder». Como resultado, el personal directivo se comprometió a comenzar sus reuniones no hablando de problemas administrativos, falta de recursos o estrés emocional, sino con gratitud. Ese entrenamiento mental —comenzar cada reunión hablando de las cosas por las que estaban agradecidos— les ayudó a construir una fortaleza de resiliencia mental a la que recurrirían al atender a las víctimas del club nocturno *Pulse.*

Después del tiroteo, me llamaron y me contaron que, a la mañana siguiente de la peor tragedia que la comunidad había presenciado, iniciaron con valentía su reunión con gratitud. Gratitud por haber estado ahí para ayudar, gratitud por las muestras de cariño recibidas de todo el país, gratitud por tener hombros sobre los que llorar. En un momento en que el estrés, la conmoción y el dolor podrían haberlos hundido, la gratitud los mantuvo unidos. Invité al personal directivo a grabar un vídeo que mostrara cómo estas intervenciones los ayudaron a mantenerse fuertes ante la tragedia, y cómo la comunidad los apoyó y los ayudó a reescribir la narrativa mental del tiroteo para sus equipos. Si visitas positiveresearch.com, puede ver este vídeo y aprender a crear narrativas significativas similares, tanto en los buenos momentos como en los impensables.

En el ejército, una fortaleza es un lugar al que el bando perdedor se retira cuando la situación se complica; una zona bien abastecida y firmemente asegurada en caso de ataque. Una fortaleza mental es una práctica que crea un conjunto de reservas mentales a las que siempre se puede recurrir en circunstancias difíciles. Una práctica diaria de gratitud es un ejemplo de fortaleza mental. Aquí tienes algunas otras que puedes crear para defenderte del estrés, la adversidad o la tristeza.

Un factor clave para el optimismo

Cuando tengo un día terrible, cuando me siento particularmente frustrado o deprimido, intento pensar en tres cosas buenas que hayan sucedido en las últimas veinticuatro horas. Esta práctica no sólo prepara mi cerebro para procesar lo positivo de nuevo, sino que también me proporciona refuerzos mentales muy necesarios para afrontar lo que el mundo me depara hoy.

Preparar el cerebro para el optimismo no sólo crea una fortaleza mental que mejora la resiliencia, sino que nuevas investigaciones demuestran que se puede ayudar a otros a ser más productivos al animarlos a reflexionar sobre las cosas buenas que les suceden en la vida. En un experimento creativo, los investigadores J. Chancellor, de la Universidad de Cambridge, y K. Layous y S. Lyubomirsky, de la Universidad de California en Riverside[22] realizaron un estudio de seis semanas en

---

22. Chancellor, J., Layous, K. y Lyubomirsky, S., «Recalling positive events at work makes employees feel happier, move more, but interact les», *Journal of Happiness Studies* 16, 871-887, 2014.

una empresa japonesa. En este estudio, los empleados llevaban identificaciones sociométricas especiales que medían sus actividades e interacciones a lo largo de la jornada laboral. Resultó que los empleados asignados aleatoriamente a relatar tres eventos positivos cada semana no sólo mostraron mayores niveles de felicidad después de seis semanas, sino que además tenían mucha más energía y completaban sus tareas con mayor rapidez. Con sólo lograr que los empleados concentraran su mente durante diez minutos a la semana en los aspectos positivos de su vida, se sentían más vigorizados, se movían más, lograban más y, como resultado, podían salir del trabajo antes.

Puedes probar esto con tu familia o equipo. Elige un día, como el «jueves de agradecimiento», y crea un ritual para pensar en tres cosas positivas que sucedieron la semana pasada.

Crear un liderazgo positivo

Las investigaciones demuestran que el primer comentario en una conversación suele predecir el resultado. Por eso, necesitamos herramientas que nos ayuden a neutralizar los efectos de una persona que establece un tono de enojo, estrés o combativo en una interacción. Como sugirió la brillante investigadora, que también es mi esposa, en *Broadcasting Happiness,* puedes establecer el tono creando un «camino de entrada» para acortar un encuentro negativo.[23] Intenta no empezar tus llamadas telefónicas con «Estoy tan desbordado» o «¡Menuda semanita! ¿Ya es viernes?». En cambio, empieza con un suspiro y di «Es un placer hablar contigo» o «Estoy muy emocionado por nuestro trabajo juntos».

De manera similar, en lugar de devolver la expresión no verbal estresada de un compañero de trabajo agobiado con una mueca igualmente estresada, devuélvela con una sonrisa o un gesto de comprensión. Asimismo, cada vez que alguien pregunte «¿Cómo estás?», intenta resistir el impulso de quejarte y, en cambio (mientras sea auténtico) responde con algo alentador como «Hoy va genial» o «No puedo creer lo bien

---

23. www.amazon.com/Broadcasting-Happiness-Igniting-Sustaining-Positive/dp/ 1941631304

que va el día». Esta sencilla técnica te permitirá cambiar el tono de la conversación a positivo incluso antes de que la persona tenga la oportunidad de abordar temas de conversación habituales como el estrés, el cansancio o cómo está contando los minutos para llegar a las cinco.

Invertir en atención plena

Las empresas más vanguardistas están dispuestas a asumir riesgos para alcanzar la grandeza. Hemos trabajado con organizaciones dispuestas a realizar todo tipo de inversiones financieras arriesgadas, desde bancos dispuestos a asumir activos tóxicos hasta fondos de cobertura dispuestos a asumir... una inversión de 100 millones de dólares en empresas en quiebra, en un abrir y cerrar de ojos. Pero sus líderes aún se resistirían a la idea de pedirles a sus empleados que dedicaran dos minutos al día a concentrarse en observar cómo respiran. Sorprendentemente, entre las más de novecientas charlas que Michelle y yo hemos impartido en conferencias, sólo hemos escuchado dos veces a un alto directivo atreverse a mencionar los beneficios de la atención plena.

«Trabajar más rápido, hacer más con menos» es la solución para las organizaciones miopes y reacias al riesgo. Los líderes verdaderamente progresistas reconocen que permitir que sus empleados se relajen es, de hecho, una de las mejores estrategias para crear una fuerza laboral productiva. Aetna, una de las empresas líderes en aplicar con éxito prácticas de psicología positiva en el entorno laboral, ha obtenido resultados increíbles con un programa de capacitación diseñado para enseñar a los empleados a centrarse mediante la meditación y el yoga.[24] Entre los aproximadamente quince mil trabajadores (más de una cuarta parte de la empresa) que participaron, Aetna observó un aumento promedio de sesenta y dos minutos de productividad a la semana, lo que representa un aumento estimado de 3000 dólares por empleado en la productividad de la empresa cada año. E incluso esa cifra probablemente subestima el valor final de la atención plena, ya que no incluye los impactos positivos del compromiso de los empleados en la

24. https://hbr.org/2015/12/the-busier-you-are-the-more-you-need-mindfulness

rotación de personal, los costos de recontratación, los costos de capacitación, la atención al cliente ni las ventas directas. Mi buena amiga Heidi Hanna, directora del Instituto Americano del Estrés, suele decir: «El estrés es como una tarjeta de crédito para la energía; lo vas a devolver, pero con intereses». A eso añadiría el corolario de que la atención plena es como una tarjeta de crédito para la resiliencia: cuanto más gastas, más recompensas obtienes a fin de mes.

Para que no pienses que te sugiero que debes utilizar tres horas de tu jornada laboral para sentarte con las piernas cruzadas en un banco duro, repitiendo mantras, las investigaciones muestran que resultados significativos del entrenamiento en atención plena *(mindfulness)* se pueden lograr en apenas unos minutos al día. Un interesante estudio piloto que Amy Blankson, del Instituto de Investigación Aplicada en Psicología Positiva, realizó con nuevos empleados de Google (llamados naturalmente «Nooglers») descubrió que aquellos Nooglers que participaron en un programa que consistía en meditar sólo dos minutos al día y escribir en un diario sobre cosas por las que estaban agradecidos disfrutaban de niveles más altos de compromiso que aquellos que no lo hicieron.

Y si la idea de meditar te intimida o simplemente «no es lo tuyo», intenta pasar dos minutos al día observando simplemente cómo entra y sale tu respiración y siendo consciente de tu entorno. Si quieres ser un profesional innovador y orientado al futuro, deja de pensar por un momento en el futuro. En su lugar, siéntate y practica cómo regresar a tu fortaleza mental aquí y ahora.

ESTRATEGIA N.º 3: APRENDE EL ARTE DEL AIKIDO MENTAL

Preocuparse por el estrés se ha convertido en un pasatiempo nacional. Es fácil entender por qué lo hacemos, pero al convertirlo en un enemigo, en realidad lo estamos fortaleciendo. Las investigaciones que mi equipo y yo hemos realizado en los últimos años han revelado que percibir el estrés como una amenaza *aumenta* de manera drástica sus efectos físicos negativos en el cuerpo y afecta de forma negativa a nuestra creatividad, productividad y eficacia general. Pero, sorprendentemente, en lugar de minar nuestro potencial, el estrés puede, de hecho, alimentarlo.[25]

Un estudio que realizamos en el banco de inversiones UBS con Alia Crum, del Mind & Body Lab de Stanford, y Peter Salovey, fundador del Centro de Inteligencia Emocional de Yale, descubrió que si un líder puede crear una mentalidad positiva sobre el estrés en su equipo, considerándolo como un desafío en lugar de una amenaza, los participantes experimentan una caída del 8 % en los efectos negativos para la salud y un aumento correspondiente del 8 % en la productividad durante las siguientes tres semanas.[26]

¿Cómo replanteamos el estrés? Alia y su padre, Thomas Crum, han desarrollado una técnica increíble. Ambos dominan el arte marcial del aikido, una forma de lucha en la que, en lugar de intentar bloquear un ataque, se utiliza su energía para redirigir su impulso. Han convertido ese arte marcial en una forma mental. La clave está en dejar de intentar bloquear o negar el estrés y, en cambio, redirigirlo de forma más positiva.

Tú también puedes utilizar el aikido mental en tu vida. Para redirigir el impulso del estrés, de debilitarlo a potenciarlo, primero debes darte cuenta de que dentro de cada fuente de estrés hay un significado. ¿Alguna vez has notado que las personas con trabajos aburridos que no les importan nunca parecen sentirse estresadas por su trabajo? ¿Y alguna vez has deseado ser uno de ellos? Supongo que no. Incluso en su peor momento, el estrés es mucho mejor que la desconexión o la apatía. Para ser sincero, nunca he conocido una familia, un matrimonio o una vida sin estrés. Esto se debe a que el estrés proviene originalmente del significado. Y, de hecho, nuestro estudio en Yale descubrió que los efectos negativos del estrés son mucho mayores cuando nos separamos del significado.

Piénsalo así: si te digo que tu bandeja de entrada está llena de *spam*, no te estresas en absoluto, ¿verdad? Esos correos pueden quedarse en la

25. https://hbr.org/2016/06/resilience-is-about-how-you-recharge-nothow-you-endure

26. Crum, A. J., Salovey, P., y Achor, S., «Rethinking stress: The role of mindsets in determining the stress response», *Journal of Personality and Social Psychology* 104 (4), 716, 2013.

carpeta de *spam* para siempre. Pero si te digo que tu bandeja de entrada está llena de contactos de negocios o de familiares y amigos, te estresas. ¿Cómo vas a poder responderlos todos a tiempo? De la misma manera, si el mejor amigo de tu hijo saca un suspenso en matemáticas, no sientes tanto estrés como si se tratara de tu propio hijo. Sólo nos estresamos por algo cuando nos importa. Por ejemplo, si estoy estresado por cumplir el plazo para terminar un manuscrito, sé que es sólo porque me importa profundamente lograr que ese libro llegue a las manos de los lectores.

Así que, si notas que empiezas a sentirte estresado por algo, pregúntate: «¿Por qué importa?». Piensa en por qué te importa. Anótalo si es necesario y pega ese papel en la pantalla de tu ordenador o en la nevera como recordatorio constante. Recuerdo que, cuando era estudiante, cuando mi motivación para escribir un trabajo o estudiar para un examen se desvanecía por completo, me recordaba a mí mismo por qué me importaba la asignatura, mis notas y el aprendizaje, y de repente volvía a tener una explosión de energía. Tu cerebro odia desperdiciar energía. Así que, si olvida por qué algo es valioso o significativo, simplemente deja de dedicarle energía valiosa. El aikido mental trata de redirigir esa energía hacia las cosas que te dan significado.

Una vez que reconectas con el significado de tu estrés, ya sea la felicidad de tus hijos, tu reputación como líder fuerte o tu compromiso con un equipo, no sólo pones tus prioridades al frente y en el centro, sino que ahora puedes canalizar esa energía de manera productiva. Descubrirás que esa misma bandeja de entrada es de repente mucho más fácil de manejar cuando recuerdas que está llena de correos electrónicos sobre el nuevo y emocionante proyecto que acabas de comenzar. Conducir como un loco para llevar a tus hijos de los entrenamientos de fútbol a las citas con el dentista de repente no es tan agotador cuando recuerdas que es un acto de amor. Como argumenta la doctora Kelly McGonigal, autora de *The Upside of Stress*, «Buscar el significado es mejor para la salud que tratar de evitar la incomodidad». Detrás de cada factor estresante se esconde algo que te importa; puedes combatirlo o puedes utilizarlo como fuente de energía y motivación.

Enmarcar los desafíos como una mejora

Recibo constantemente llamadas de líderes que me cuentan que su empresa está atravesando por muchos cambios y estrés, y que «saben» que esto reducirá su efectividad, alejará a los mejores talentos y desintegrará a sus equipos. Suelo contrarrestar eso diciéndoles que piensen en el ejército, un lugar donde el estrés y la incertidumbre son la norma, y donde los empleados se incorporan no con unas vacaciones en la playa, sino con un campamento de entrenamiento. Y, sin embargo, los empleados del ejército estadounidense se mantienen entre los más funcionales, firmes y leales de prácticamente cualquier organización del planeta. Esto se debe a que, tras siglos de práctica, el ejército ha aprendido que si se enfrenta el estrés (1) con la perspectiva adecuada y (2) junto a otros, se pueden crear narrativas significativas y vínculos sociales de los que se hablará el resto de la vida. En lugar de ver el estrés como una amenaza, la cultura militar se enorgullece de la resiliencia compartida que crea. Y eso no tiene nada que ver con el hecho de que sean soldados; cada empresa y equipo puede convertir el estrés en una fuente de potencial al verlo como una armadura, en lugar de como un arma de destrucción masiva.

Sentir estrés en soledad puede ser terrible. Pero canalizar esa energía para ayudar a los demás a ser mejores puede disipar los efectos negativos. Hace dos años, realicé un documental para HBO titulado *State of Play: Happiness,* en el que exploramos cómo crear un sistema de apoyo social resiliente en una cultura donde es difícil hablar de emociones positivas y en medio de un estrés intenso.

Durante la primera mitad del documental, examinamos la National Football League (NFL) para ver cómo las personas crean felicidad en una organización donde la carrera promedio es de 3,3 años, hay una competencia feroz y un alto potencial de lesiones, y muchos asumen que eres demasiado «duro» para hablar de emociones. Durante la segunda mitad, observamos a los Navy SEALs, una de las unidades más elitistas del ejército, donde simplemente reconocer las propias emociones es prácticamente impensable y donde existe un alto potencial no sólo de lesiones sino también de muerte. En ambos casos, descubrimos que el secreto de sus extraordinarios niveles de trabajo en equipo, compromiso y lealtad no era sólo el estrés en sí, sino *el esfuerzo invertido en ayudarse mutuamente a superarlo.*

Por ejemplo, Michael Strahan, ex ala defensivo de los New York Giants de la NFL, me comentó que su mejor año fue cuando decidió centrarse en disfrutar de su equipo y apoyar a sus compañeros en su excelente desempeño, en lugar de preocuparse por si se lesionaba y tenía que retirarse. Tras escuchar opiniones similares de los SEALs y otros jugadores de la NFL, la lección para las empresas y organizaciones fue clara: debemos ayudar a nuestros equipos a ver el estrés como un desafío colectivo, no como una carga individual.

Un año después de la emisión de ese documental, tuve la oportunidad de entrevistar a Jonathan Reckford, director ejecutivo de Hábitat para la Humanidad, para aprender cómo construir y mantener una cultura donde los desafíos se consideren motivadores en lugar de frustrantes. Me comentó que miles de personas se inscriben como voluntarias cada año, impulsadas por la pasión por la misión de la organización y el deseo de generar un cambio en el mundo, al igual que ocurre con las fuerzas armadas. Sin embargo, cuando los voluntarios descubren la burocracia, la escasez de recursos o los obstáculos para lograr el impacto deseado, con la rapidez con la que lo desean, muchos se frustran. Empiezan a sentir que la organización y el sistema obstaculizan su pasión y, como resultado, abandonan.

Pero algunos voluntarios ven la escasez de recursos no como una amenaza a su pasión, sino como un reto emocionante que activa su potencial: ¿cómo aprovecho al máximo estos recursos escasos? ¿Cómo supero los trámites burocráticos y otros obstáculos? Y mejor aún, ¿cómo puedo apoyar a todas estas personas con ideas afines que participan en este reto para crear un mundo mejor? Reckford afirmó que su labor como director ejecutivo consiste en inspirar y capacitar a los líderes y a sus equipos para que cambien su perspectiva y empiecen a ver los factores estresantes no como razones para renunciar, sino como el motor del trabajo en equipo y la motivación.

¿Cómo puedes utilizar esto en tu vida? Primero, si te encuentras en una situación estresante o crucial, pregúntate: «¿Quién está en la trinchera conmigo?». Siempre puedes encontrar a alguien que comparta tu lucha, ya sean compañeros de trabajo, compañeros de clase o incluso personas que no conoces personalmente, pero que podrías conocer a través de tu red de contactos o de un grupo de apoyo. Una vez que recuerdes que no debes llevar tu carga solo, anímate a hacer todo lo posible para ayudar a estas personas, en lugar de simplemente compadecerte de ellas. Esto replantea la amenaza como una oportunidad para fortalecer tu empatía y los lazos de tu red de apoyo.

En segundo lugar, presta atención a cómo hablas de las cosas estresantes de tu vida. Al llegar a casa, en lugar de describir tus responsabilidades laborales como molestas, frustrantes o abrumadoras, habla de las oportunidades que te brindan para construir nuevas relaciones, aprender cosas nuevas y desarrollar tu potencial. Aunque al principio no lo sientas así, el lenguaje que uses comenzará a afectar poco a poco a tu actitud y percepciones, y las de quienes te rodean. ¿Te has fijado en que padres que siempre se quejan del trabajo tienen hijos que se quejan y se resisten a ir a entrenar o a hacer las tareas escolares? Como padres (y en el trabajo), predicamos con el ejemplo. Asegúrate de que tus palabras y acciones ayuden a tus hijos, a tus equipos e incluso a ti mismo a ver los desafíos como algo que hay que aceptar en lugar de evitar.

Replantear el fracaso

Otra forma de aikido mental implica cambiar nuestra perspectiva sobre el fracaso. Al igual que con el estrés, muchos creemos que el fracaso es algo que debemos evitar como la peste. Pero, de hecho, el fracaso también puede ser una fuente de energía y motivación, si se plantea de un modo adecuado. La investigadora Carol Dweck, de la Universidad de Stanford, ha realizado un trabajo pionero sobre cómo nuestra mentalidad predice nuestro potencial, sobre todo en lo que respecta al éxito y al fracaso. Y muchos conocen sus hallazgos: los niños que ven el fracaso como un trampolín para el crecimiento (mentalidad de crecimiento) son más resilientes, se desaniman menos y perseveran más y con más ahínco que los niños que lo ven como algo devastador y como prueba de su falta inherente de inteligencia o talento (mentalidad fija).

Pero menos conocidos son los hallazgos de un nuevo y fascinante proyecto de investigación que Dweck realizó con Kyla Haimovitz para observar cómo estas mentalidades están interconectadas. Resultó que una mentalidad fija puede ser más «contagiosa» que una mentalidad de crecimiento; específicamente, encontraron que si un padre tiene una mentalidad de «fracaso como potenciador» sobre el mundo, no necesariamente predice que el niño la tenga.[27] Sin embargo, si el padre tiene una mentalidad de «fracaso como debilitante», es significativamente más probable que el niño la absorba. En otras palabras, cuanto más aprendas a dejar de tratar el fracaso como un invitado a cenar no deseado, mejor podrás defender tu propio potencial y el de quienes te rodean.

Permíteme matizar este argumento: este enfoque no aboga por generar estrés de manera deliberada ni por intentar fracasar en el trabajo ni en la vida.

En la mayoría de los trabajos, y también para la mayoría de las personas en su vida personal, hay suficiente adversidad como para no tener que crearla de manera artificial. En cambio, se trata de tomar ese estrés que no se puede evitar de forma intencionada y redirigir su energía de forma constructiva, considerándolo como un desafío que activa el potencial al vivir la experiencia junto a personas que se apoyan mutuamente y comparten la carga.

Precaución: Cuidado con las ilusiones negativas

En octubre de 2016, me invitaron a dar una charla vespertina en un retiro del Bank of America en el sur de California. Como sabía que muchos de los banqueros eran de Nueva York y Chicago, lo que significaba que era aún más tarde para ellos, hice todo lo posible por mantener a la audiencia interesada, o al menos despierta. Al principio, todo parecía ir de maravilla, hasta que de repente, hacia el final de la charla, la gente empezó a parecer distraída: algunos miraban sus teléfonos, otros susurraban entre sí, y así sucesivamente. No supe cómo interpre-

---

27. Haimovitz, K. y Dweck, C., «Parents' views of failure predict children's fixed and growth intelligence mind-sets» *Psychological Science* 27 (6), 859-869, 25 de abril de 2016.

tarlo. ¿Estaban cansados? ¿Los estaba aburriendo y perdiéndolos? ¿Eran escépticos y susurraban sobre cómo no creían en mi investigación? En ese momento vulnerable e inseguro, decidí que eran las tres cosas. Decidido a recuperarlos, extendí mi charla otros quince minutos, durante los cuales trabajé en un material que siempre gusta al público, pero que sólo pareció desconectarlo aún más.

Finalmente, me rendí. Derrotado y desanimado, volví caminando a mi hotel, donde los encontré a todos en el bar del vestíbulo, apiñados frente al televisor. Resultó que era el séptimo partido de la Serie Mundial. Los Chicago Cubs se enfrentaban a los Cleveland Indians, y Cleveland acababa de empatar en la octava entrada. Después de todo, mi charla no era el motivo de su distracción, sólo querían salir de allí a tiempo para presenciar este momento crucial en la historia del béisbol. Había malinterpretado por completo la situación y, como resultado, agravé el problema y mi estrés.

Es propio de la naturaleza humana ser un poco egocéntrico: creer que somos la causa de un problema, el blanco de las bromas o la razón por la que una sala llena de aficionados al béisbol parece distraída la noche del partido decisivo de la Serie Mundial. Pero a menudo, nuestra interpretación de estas situaciones es una ilusión negativa; percibimos de manera errónea una amenaza que no existe.

Mantente alerta a las «ilusiones negativas» en tu vida. Quizá esa persona en la fiesta que crees que es grosera simplemente es tímida. Tal vez ese colega que crees que holgazanea a propósito esté deprimido o tenga problemas con algo en su vida personal. Puede que ese nuevo conocido que crees que te está despreciando en realidad se siente intimidado por ti.

Cuando te sorprendas buscando la solución más pesimista para explicar el comportamiento de alguien, pregúntate si es posible que esté sucediendo algo del todo diferente. El simple hecho de plantear la posibilidad de otra explicación evitará que caigas en la madriguera del pensamiento obsesivo y te permitirá redirigir tus recursos mentales hacia algo más productivo.

ESTRATEGIA N.º 4: TÓMATE UNAS VACACIONES
DE TUS PROBLEMAS

Desde pequeños nos dicen que no debemos eludir nuestros problemas. Como investigador, discrepo. Es absolutamente necesario evitarlos, al menos de manera temporal. Contrariamente a la creencia popular, tomarse un tiempo para alejarse de los problemas puede, de hecho, ayudarte a obtener una de las mayores ventajas competitivas que existen hoy en día.

He empezado este capítulo con una historia sobre una de las películas favoritas de mi hijo, así que ¿por qué no terminarlo con una referencia a una de las mías? En el clásico de los noventa *¿Qué pasa con Bob?*, el psiquiatra Leo Marvin (interpretado por Richard Dreyfuss) está desesperado por quitarse de encima a su paciente, Bob Wiley (interpretado por Bill Murray), muy molesto y persistente. Así que le receta un remedio, pero no es medicina: se trata de «un descanso de sus problemas». Naturalmente, el plan sale mal cuando Bob decide tomar ese descanso precisamente en el mismo lugar donde está el doctor Marvin. Pero dejando la comedia de lado, el remedio recetado por el doctor Marvin tiene una base científica realmente sólida.

Durante los últimos dos años, he colaborado con la Asociación de Viajes de Estados Unidos en su nueva iniciativa, «Proyecto: Tiempo Libre», un análisis exhaustivo de las implicaciones empresariales de tomarse tiempo libre del trabajo.[28] Según US Travel, los estadounidenses se toman menos vacaciones que en cualquier otro momento de las últimas cuatro décadas. Una de las razones, según Gary Oster, director general de Proyecto: Tiempo Libre, es que los estadounidenses creen que tomarse tiempo libre afectará de manera negativa a la percepción que sus superiores tienen de ellos, reduciendo así sus posibilidades de ascenso o aumento. Pero, de hecho, las investigaciones demuestran que ocurre justo lo contrario. Tomarse los días libres remunerados mejora la percepción del superior y aumenta las posibilidades de obtener un aumento o un ascenso. *Según nuestra nueva investigación, las personas que se toman TODAS sus vacaciones tienen un 6,5 % más de posibilidades*

28. www.projecttimeoff.com

de conseguir un ascenso o un aumento que quienes dejan de lado once o más días libres remunerados.[29]

Cuatro de cada diez empleados dicen ser reacios a tomarse vacaciones porque tienen mucho trabajo.[30] Sin embargo, según un estudio de US Travel, uno de los dos principales beneficios de tomarse tiempo libre es, de hecho, una mayor productividad. Además, incluso si no se toman vacaciones, seguirán teniendo mucho trabajo que hacer, pero lo terminarán más rápido si primero se toman un tiempo para recargar energías.

En *The Happiness Advantage,* describo una investigación que demuestra que cuando el cerebro es positivo, la productividad mejora un 31 % y las ventas un 37 %. La creatividad se triplica, y los ingresos también pueden triplicarse. Y en un artículo posterior de la *Harvard Business Review,* basado en una década de investigación, concluí que «la mayor ventaja competitiva en la economía moderna es un cerebro positivo y comprometido».[31]

Pero hay una pega. Es lógico pensar que tomarse unas vacaciones en la playa, recorrer la campiña italiana o visitar a un viejo amigo o ser querido contribuye a una mente mucho más feliz y positiva, pero no es necesariamente así. En ese artículo, describo una investigación previa realizada en los Países Bajos que demostró que unas vacaciones *promedio* no mejoran los niveles de energía ni la felicidad de las personas al regresar.[32] Pero esas fueron las vacaciones PROMEDIO.

En un estudio posterior realizado con más de cuatrocientos viajeros de todo el mundo, mi colega y compañera de vacaciones Michelle Gielan, del Instituto para la Investigación Aplicada en Positividad, y yo descubrimos que el 94 % de las vacaciones sí dan como resultado niveles más altos de felicidad y energía si se las afronta de manera inteligente. Específicamente, descubrimos que si...

29. www.projecttimeoff.com/resources

30. www.projecttimeoff.com/resources

31. Achor, S., «Positive intelligence». *Harvard Business Review*, enero-febrero de 2012. https://hbr.org/2012/01/positive-intelligence

32. https://hbr.org/2014/02/when-a-vacation-reduces-stress-and-whenit-doesnt/

1. Planificas con un mes de anticipación y preparas a tus compañeros de trabajo para tu ausencia (para que no tengas que responder correos electrónicos desesperados),
2. viajas fuera de tu ciudad (mientras más lejos, mejor),
3. conoces a alguien que conozca bien el lugar y te pueda ayudar a
   recorrerlo, y
4. tienes todos los detalles del viaje organizados antes de partir (para
   que no te estreses buscando billetes de último momento o aloja-
   miento),

… tus vacaciones tendrán muchas probabilidades de dar como resultado una mayor felicidad y energía, y, por tanto, una mayor productividad, rendimiento y resiliencia en el trabajo.

Y si eso no es suficiente para convencerte, considera que irte de vacaciones equivale esencialmente a recibir un aumento de sueldo inmediato. Para esta conclusión no se necesita investigación, sólo una simple operación matemática. Si trabajas por salario y *no* utilizas tus días
de vacaciones pagadas, estás aceptando de manera voluntaria una re-
ducción de tu salario por hora durante el tiempo extra que trabajas.

Así que la próxima vez que te sientas culpable por irte de vacaciones
–pensando que podría verse como una falta de compromiso o que simplemente tienes demasiado trabajo acumulado– recuerda que, desde
un punto de vista científico, tener días libres pagados mejora tu productividad y desempeño laboral, acelera tu avance profesional y, si las
haces de forma correcta, te hacen más feliz.

ESTRATEGIA N.º 5: ELIGE TUS BATALLAS

En *The Happiness Advantage*, cuento la historia de un experimento en
el que participé en la universidad. Desde que escribí ese libro, la historia ha cobrado un nuevo significado para mí en el contexto de nuevas
investigaciones sobre resiliencia, clave para comprender esta estrategia.
Así que, perdóname por contarla brevemente. A cambio de veinte dólares, me ofrecí como voluntario para participar en un estudio en el
Hospital General de Massachusetts cuyo objetivo, según me habían

dicho, era aprender sobre cómo se caen las personas mayores. Como, obviamente, no se puede llevar a las personas mayores a un laboratorio y pedirles que se caigan al suelo de manera repetida, los investigadores pagaban a estudiantes universitarios pobres para que lo hicieran.

Cuando llegué al hospital, me dieron protectores para colocarme en las rodillas y en los codos y me pidieron que caminara arriba y abajo por una pasarela acolchada, repetidamente, en la oscuridad casi total. Con cada paso por la pasarela, ocurría una de estas cuatro cosas: o el suelo se hundía debajo de mí y me caía. O el suelo se deslizaba hacia la derecha y me caía. O una cuerda atada a mi pierna derecha se tensaba y me caía. ¿Puedes identificar el patrón? Si ninguna de estas cosas ocurría, se suponía que debía caer *a propósito* (¿supongo que para simular cómo caen de manera *intencionada* los ancianos?). Si sueno amargado es que lo estoy. Durante las siguientes TRES HORAS, caminé arriba y abajo por la peligrosa pasarela *doscientas veces*. Es cierto que la asistente de investigación entró en la habitación en varias ocasiones para preguntarme si quería detener el experimento. Y sí, yo quería detenerlo, desesperadamente. Pero aún no me habían pagado los veinte dólares, que en ese momento eran una gran cantidad de dinero para mí, así que a pesar de los dolorosos moratones que empezaban a aparecer por todo mi cuerpo, seguí adelante.

Al final del experimento, la asistente de investigación se reunió con la profesora, quien quería informarme. Me dijo que me habían engañado y que, en realidad, se trataba de un experimento para evaluar la resiliencia en relación con las ganancias económicas. Si me hubiera detenido en algún momento del experimento, habría recibido los veinte dólares, pero les interesaba ver cuánto tiempo perseveraba. Resultó que fui el único voluntario lo suficientemente insensato como para persistir durante las tres horas completas.

Hoy en día, oímos hablar mucho del valor de la perseverancia y la tenacidad, y de hecho existe una extensa cantidad de investigaciones que vinculan estos rasgos con el rendimiento y el éxito. Pero vuelvo a contar esta historia porque ahora considero ese incidente el ejemplo perfecto de por qué la perseverancia y la tenacidad, si bien son cruciales, no siempre son la mejor opción. Después de todo, mi obstinada determinación por llevar el experimento hasta el final me llevó a caer casi doscientas veces y a perder tres valiosas horas, por la misma recompensa que alguien que se cae una vez y luego puede volver a casa. En el trabajo y en la vida, cuando tropezamos y caemos de manera repetida en un determinado camino, en lugar de sacudirnos el polvo e intentarlo una y otra vez, quizá sea el momento de preguntarnos si simplemente estamos en el camino equivocado.

Me doy cuenta de que este consejo probablemente vaya en contra de lo que esperarías encontrar en un libro sobre cómo elevar los límites de tu potencial. Pero considera lo siguiente: según descubrieron las investigadoras Suzanne Segerstrom y Lise Nes, cuando perseveramos durante demasiado tiempo en ciertas metas, a veces esto puede hacerse a costa de no lograr otras.[33]

Por ejemplo, al persistir durante tres horas en el estudio de las caídas, perdí un tiempo valioso que podría haber dedicado a mis propios estudios. De manera similar, si insistes una y otra vez con un cliente potencial que te ha rechazado, probablemente dejes pasar otras reuniones que podrían haber dado fruto. O si continúas saliendo con esa persona negativa que no quiere cambiar, te pierdes los beneficios de una relación positiva. Y al seguir invirtiendo toda tu creatividad, tiempo y energía en un trabajo terrible, estás agotando recursos mentales que podrías utilizar para encontrar uno mejor.

A veces, los que abandonan SÍ ganan. La defensa, la resiliencia y la perseverancia son cualidades valiosas, pero sólo hasta cierto punto. Si has intentado llevar a cabo todas las estrategias de este capítulo y tu situación no ha mejorado, eso es una buena señal de que necesitas seguir adelante. Porque la verdad es que hay circunstancias que están más allá de toda reparación, sin importar cuán poderosas sean nuestras herramientas. Si en el trabajo te tratan con desprecio y no te valoran constantemente, no necesitas más defensas, necesitas otro trabajo. Si estás en una relación abusiva, no necesitas inmunizarte contra el estrés, necesitas salir de ahí. Y si cada mañana te levantas sabiendo que tu camino profesional no te lleva hacia tu propósito en la vida, no necesitas

---

33. Segerstrom, S. C. y Nes, L. S., «When goals conflict but people prosper: The case of dispositional optimism», *Journal of Research in Personality* 40, 675-693, 2006. doi:10.1016/j.jrp.2005.08.001.

unas vacaciones, necesitas probar otro camino. Y no esperes. Cuanto más profundos sean los hoyos que cavas en tu vida, más difícil te será salir de ellos.

Así que, si bien es genial mantenerse optimista, si realmente no eres feliz y tienes los medios para cambiar, no te hagas el héroe. ¿Es a ti a quien estoy describiendo? Sé sincero contigo mismo. En lugar de luchar en una batalla perdida hasta el final, ¿por qué no elegir una que puedas ganar? Saber cuándo «mantenerse o retirarse» requiere sabiduría y autoconciencia, por eso el capítulo 3, «Rodéate de influenciadores positivos» es tan importante. No existe ningún estudio científico que te diga cuándo es el momento de trazar un nuevo rumbo. Sin embargo, tus influenciadores positivos pueden ayudarte a ver y allanar el camino a seguir. Puedes consultar con tus amigos pilares para que te aconsejen y comprueben si ves tu camino con claridad. Puedes conectar con tus amigos puente para encontrar nuevas rutas hacia objetivos similares. Puedes llamar a tus amigos extensores para que exploren por ti y vean a dónde podrían llevarte esos caminos alternativos.

Para alcanzar un Gran Potencial, necesitamos que otras personas nos protejan de la oscuridad y nos guíen hacia la luz. Y necesitamos que nos ayuden a mantener nuestra energía y motivación, y así mantener esa luz encendida. En la estrategia final, aprenderás a reunir las semillas del potencial para crear un círculo virtuoso de impulso colectivo que permitirá que el sistema estelar brille aún más.

CAPÍTULO 7

MANTÉN LOS LOGROS

Crea impulso colectivo

Brian O'Connor es profesor de estudios sociales de quinto grado en Chappaqua, Nueva York. En un mundo donde muchos padres se quejan de que sus hijos ven demasiada televisión, O'Connor motiva a sus alumnos de una manera sorprendente... obligándolos a verla.

En concreto, el profesor O'Connor hace que su clase de quinto grado vea el programa *CNN Heroes,* un espacio que presenta a héroes cotidianos de diversas procedencias que realizan contribuciones significativas al mundo. Después de cada episodio, O'Connor pide a sus estudiantes que identifiquen y anoten las cualidades de esos héroes que ellos desean emular algún día en sus propias vidas. Luego, lleva la actividad un paso más allá y les pide a sus alumnos que escriban cartas reales a los héroes, agradeciéndoles su valentía e invitándolos a una «fiesta por Skype» con la clase para celebrarlo y reconocer sus contribuciones.

Al principio, O'Connor pensaba que ninguno de los héroes respondería. Pero sorprendentemente, después de siete años, las paredes de su aula están cubiertas de fotos de sus estudiantes hablando con estos hombres y mujeres extraordinarios a través de Skype.

Lo más increíble para O'Connor, sin embargo, es ver las explosiones de alegría en los rostros de sus estudiantes mientras celebran y aplauden a esos héroes tan merecedores de su reconocimiento. O'Connor comenta: «Parecía que estuviéramos haciendo una videollamada con Katy Perry. Para mis alumnos, ellos son celebridades, como debería ser».[34]

Pero aquí está el punto clave: al felicitar a los héroes, los niños empiezan a convertirse ellos mismos en héroes. Al ofrecer a los estudiantes una imagen clara de cómo podría ser un futuro lleno de propósito, estos héroes los inspiran a construir futuros significativos por sí mismos. Un profesor normal habla sobre héroes. Un profesor sobresaliente pone a sus alumnos en el camino para llegar a ser héroes.

Los profesores como O'Connor poseen una forma especial de magnetismo. Uno de los artefactos más mágicos en la naturaleza es algo llamado «metal ferromagnético». En un metal normal, todos los electrones giran en direcciones aleatorias, anulando cualquier energía colectiva. Pero cuando una fuerza magnética entra en contacto con el metal, algunos de los electrones comienzan a girar en la misma dirección. Cuantos más electrones giran en una misma dirección, más electrones se unen a ellos, y así aumentan su energía colectiva. Esto transforma un simple trozo de metal en un poderoso imán. Los profesores como Brian O'Connor son exactamente como ese imán: cuanta más energía dirigen en una dirección positiva, más poder tienen para arrastrar a otros y motivarlos para seguir su ejemplo.

En este capítulo aprenderás cómo convertirte en uno de esos imanes y atraer a las personas hacia ti y ayudarlas a canalizar su energía hacia su Gran Potencial.

La mayoría de la gente sabe que la primera ley del movimiento de Isaac Newton establece que *un objeto en movimiento permanece en movimiento...* Entonces, ¿por qué a menudo resulta tan difícil mantener nuestro movimiento hacia adelante en entornos profesionales? Si la ley de Newton es verdadera, una vez que comenzamos a movernos en la dirección de nuestras metas, ¿no debería el impulso seguir empujándonos sin esfuerzo hacia ellas?

Para entender por qué esto no es necesariamente así, imagina que asistes a una conferencia en la que te entusiasma una nueva idea, un director ejecutivo carismático, iniciativas altruistas o incluso un orador sobre felicidad un poco torpe. Sales del centro de convenciones con

---

34. www.cnn.com/2017/04/13/living/cnn-heroes-teaching-tool/index.html

energía y listo para conquistar el mundo con tu equipo. Luego regresas a tu escritorio y, poco a poco, empiezas a sentir que la energía se agota en tu cuerpo y tu mente, y tu impulso se ralentiza hasta casi detenerse. Pronto empiezas a resentirte del trabajo y olvidas por completo lo que te entusiasmaba en la conferencia. Como resultado, tu rendimiento se desploma. Sin una fuerza motivadora que te impulse hacia adelante, no sólo no has logrado mantenerte en movimiento, sino que ahora vas en la dirección opuesta.

El problema no es que las leyes de Newton no se apliquen al mundo del trabajo. El problema es que no he citado por completo la primera ley del movimiento. La verdadera ley, que parece conocerse sólo entre ingenieros e inspectores de seguridad, establece: los objetos en movimiento tienden a permanecer en movimiento *a menos que sean afectados por una fuerza desequilibradora*. Sin una fuerza positiva que nos impulse a continuar, disminuiremos la velocidad debido a la fricción de la vida y a las influencias negativas desequilibradas que existen en nuestro entorno.

Ahora imagina que regresas a tu escritorio después de esa misma conferencia y un compañero de trabajo entusiasta te pregunta cómo te ha ido. Con emoción, empiezas a contarle las cosas que aprendiste, las nuevas ideas que tienes, y las grandes historias que escuchaste mientras conversabas con personas durante los brindis. De repente, tu cerebro no sólo está reviviendo esas experiencias y conectándolas con el presente, sino que también acabas de utilizar lo que aprendiste en la conferencia para inspirar a otra persona. Puedes sentir cómo tu energía es contagiosa al ver cómo sus ojos se iluminan cuando sugieres que quizá podríais trabajar juntos en un nuevo proyecto inspirado en una de las ideas que acabas de describir. De pronto, tu propia energía y *momentum* se han multiplicado.

La explicación de la primera ley de Newton del Departamento de Física de la Universidad de Boston describe este fenómeno sucintamente: «El trabajo puede ser positivo o negativo: si la fuerza tiene un componente en la misma dirección que el desplazamiento del objeto, realiza trabajo positivo. Si la fuerza tiene un componente en la dirección opuesta al desplazamiento, realiza trabajo negativo». En otras palabras, sin una fuerza que te ayude a mantener el impulso hacia tus metas, la inercia y el mundo te frenarán. Pero cuando te impulsa una fuerza positiva, puedes acumular con facilidad cada vez más energía e impulso para impulsarte hacia adelante y así aumentar al mismo tiempo tu capacidad para impulsar a otros.

Una vez que comprendemos que nuestra energía está interconectada, vemos que cuanto más creamos en nuestro ecosistema, más potencial liberamos. En este capítulo, describiré tres estrategias prácticas para canalizar esa energía colectiva hacia nuestros objetivos:

ESTRATEGIA N.º 1: Genera más energía positiva creando visitas con significado.
ESTRATEGIA N.º 2: Utiliza una dirección clara y vívida para generar un camino por donde fluya esa energía.
ESTRATEGIA N.º 3: Acelera el impulso que has creado a través del poder de la celebración.

Los primeros cuatro caminos han «sembrado» el proceso de crecimiento, pero para mantenerlo, debemos recordar que el Gran Potencial es un objetivo en movimiento, no un destino. Si nos volvemos complacientes, nuestro potencial se ralentiza. Este capítulo te mostrará cómo mantener el progreso que has logrado hasta ahora creando un círculo virtuoso de impulso positivo que eleva cada vez más el techo de tu potencial.

ESTRATEGIA N.º 1: CREA VISITAS CON SIGNIFICADO

A 96 kilómetros al norte de Washington D. C., el legendario Camp David ha funcionado históricamente como un lugar donde los líderes mundiales se reúnen para resolver conflictos, superar fricciones y aunar esfuerzos para generar el impulso necesario para resolver algunos de los problemas más complejos y urgentes del mundo. Camp David está a sólo veinticinco minutos en helicóptero de la Casa Blanca, y los presidentes recientes lo han utilizado en distintos grados y de diversas maneras. Ronald y Nancy Reagan aprovecharon su silencio prístino y lo visitaron cuando necesitaban retirarse del mundanal ruido y recargar energías. El presidente Carter lo eligió como sede de las negociaciones de paz secretas de doce días entre los líderes israelíes y egipcios que culminaron en la firma de los históricos (y acertadamente llamados) Acuerdos de Camp David. Algunos presidentes apenas lo visitaron, incluido el presidente Trump, quien lo considera «demasiado rústico» en comparación con Mar-a-Lago. Pero otros lo visitaron con bastante frecuencia, como el presidente George W. Bush, quien pasó 487 días allí a lo largo de sus dos mandatos.[35] Obama fue el primer presidente que recibió a su personal allí para un retiro y un día de conferencias motivacionales, por lo que, en la primavera de 2015, tuve el honor de recibir una llamada de la Casa Blanca invitándome a dar una charla allí.

Por alguna razón desconocida, ni el Air Force One ni el Air Force Two estaban disponibles ese día para venir a recogernos a Michelle y a mí, así que optamos por una alternativa igualmente glamurosa: alquilamos un Honda Civic compacto (pero bastante presidencial). (Michelle no se rio ni una sola vez ante mi insistente chiste de que era nuestro «deber cívico» conducir hacia Camp David). Si buscas «Camp David» en Google Maps y sigues las indicaciones, no lo encontrarás; las direcciones que aparecen en línea son intencionadamente incorrectas. En lugar de eso, me enviaron por correo electrónico una copia escaneada de un mapa dibujado a mano. No puedo compartir más detalles, excepto decir que si logras encontrar el camino correcto, probablemente creerás que te están llevando allí para fusilarte. El trayecto nos llevó medio kilómetro por un camino angosto señalizado únicamente por letreros cada vez más aterradores: «Prohibida la entrada». «Fin del camino». «Está usted invadiendo propiedad privada». «Los intrusos se enfrentan a cadena perpetua». «Se disparará a los invasores». Y finalmente, «Has entrado ilegalmente en una base militar y el castigo es la muerte». Luego, quince metros más adelante, fuimos recibidos por un pequeño letrero de madera que parecía haber sido hecho por un niño de ocho años poco inclinado al arte durante una clase de manualidades, que decía: «Bienvenidos a Camp David». Después de que nuestro Civic obtuviera la autorización completa de seguridad, nuestro «con-

---

35. www.cbsnews.com/news/ 487-days-at-camp-david-for-bush/

trabando» (como mi iPhone) fue confiscado y dejado en custodia de soldados fuertemente armados en la garita de la entrada.

Una vez verificadas nuestras identidades (y probablemente doble y triplemente), el ambiente mejoró y un carrito de golf con un cartel con nuestros nombres (puede que me lo haya llevado a casa o no, y puede que lo tenga aquí en mi escritorio mientras escribo esto), conducido por un amable soldado, llegó para llevarnos a una hermosa capilla. Allí esperamos nerviosos mientras escuchábamos al único orador del día: el almirante William Henry McRaven, líder del Comando Conjunto de Operaciones Especiales durante la Operación Lanza de Neptuno, la misión que dio como resultado la muerte de Osama bin Laden, así como en unas diez mil misiones más (literalmente). Tras el acto inaugural más difícil que jamás haya presenciado, di mi charla y luego abrí el debate. Lo que surgió de ese debate es la esencia misma de este capítulo.

Lo primero que hay que entender sobre todos los presentes en la capilla de Camp David, desde los empleados de mayor rango hasta los de menor rango, es que cada uno de ellos era un trabajador temporal. Es decir, a diferencia de la gran mayoría de mis charlas, donde la mayoría de los asistentes creen que probablemente conservarán su trabajo el año que viene, todos en esa sala sabían que lo perderían independientemente del resultado de las elecciones. ¿Cómo podrían mantener el impulso para llegar a la meta, para evitar desviarse y redirigir toda su energía a pensar en «qué sigue»?

Pude ver que para muchos de ellos, mantenerse motivados y concentrados se había convertido en una lucha. Así que al principio intenté recordarles el increíble trabajo que tenían, y les señalé que cuando cualquiera de ellos hacía una llamada, podían decir: «Les habla Bob desde la Casa Blanca». Luego intenté que recordaran que siempre habían soñado con trabajar en el número 1600 de la avenida Pensilvania y lo afortunados que eran de haberlo hecho realidad. Desafortunadamente, esos esfuerzos por inspirar… obtuvieron resultados marginales o nulos.

Un miembro del personal comentó entonces cómo todos miraban con añoranza a los «civiles» comunes y corrientes que salían de sus oficinas a las cinco o seis de la tarde en días cálidos para jugar en el National Mall, entre los museos Smithsonian, y se morían de envidia al saber que ellos mismos estarían trabajando hasta las nueve de la noche como muy temprano, y luego regresarían a las seis de la mañana siguiente. Una de las empleadas comentó que, en medio de todo el estrés, la carga de trabajo y las luchas políticas internas, su trabajo ya no parecía tan atractivo. Parece que incluso en la Casa Blanca se puede perder lo que te impulsa.

Pero entonces dimos con algo valioso. Cuando pregunté a mi público qué seguía encendiendo esa chispa, otra empleada levantó la mano y comentó cuánto le encantaba ofrecer visitas guiadas a sus amigos o jóvenes aprendices por su venerable lugar de trabajo. Describió cómo, al mostrarle a la gente los alrededores, señalando los imponentes retratos presidenciales, caminando por los vibrantes pasillos, mostrándoles las elegantes salas de reuniones donde se firmaban tratados históricos, las cosas que amaba de su trabajo comenzaron a resurgir en su mente.

Mientras hablaba, era como si sus ojos se abrieran de nuevo tras haberlos cerrado con fuerza para evitar ser azotados por el estrés cotidiano. En cuanto terminó de hablar, la atmósfera en la capilla cambió de inmediato. De repente, todos asentían, y uno tras otro empezaron a comentar cómo ofrecer visitas guiadas había transformado su relación con el trabajo. ¿Por qué? Porque el hecho de describir cómo era trabajar a pocos metros del despacho oval, de mostrar la rica historia del edificio a los visitantes, les permitía reconectar con el significado de su trabajo. El simple hecho de ver la emoción y el asombro en los ojos de los invitados les recordaba el increíble privilegio de estar allí, y ese asombro en los ojos de los invitados se reflejaba en los suyos.

Puede resultar difícil creer que estas personas de altísimo potencial se llenen de energía y alegría con algo tan aparentemente trivial como ofrecer visitas guiadas a pie. Al fin y al cabo, eran generales condecorados, funcionarios con la máxima autorización de seguridad nacional y asesores de alto nivel de algunas de las personas más poderosas del mundo, con tareas cotidianas mucho más importantes que mostrar la Casa Blanca a sus invitados. ¿Cómo es posible que personas con tales responsabilidades hayan perdido de vista el significado de su trabajo? Porque los objetos o las personas en movimiento no permanecen en movimiento a menos que actúe sobre ellos una fuerza desequilibrada.

La mayoría no trabajamos en un entorno tan importante como la Casa Blanca, pero todos tenemos fuentes de estrés y fricción que amenazan con disipar nuestra energía. Tanto en el trabajo como en casa, es muy fácil concentrarse demasiado en las tareas que debemos realizar a lo largo del día y olvidamos que es una bendición tener hijos que debemos llevar de un lado a otro, un privilegio tener una casa que limpiar y un trabajo al que ir. No le resto importancia al estrés de estas responsabilidades; señalo que cuantas más responsabilidades tenemos, más significado necesitamos encontrar en ellas. El significado es esa «fuerza desequilibrada» que nos mantiene en marcha, sobre todo en momentos de mucho trabajo o estrés. Y las «visitas con significado» nos ayudan a mantener este impulso conectándonos, o reconectando, con el significado de nuestro trabajo.

No es necesario trabajar en altos niveles del gobierno nacional, ni siquiera en altos niveles de una empresa, para aprovechar los beneficios de las visitas con significado. Tampoco tienen que ser visitas literales, como las que se ofrecen en la Casa Blanca. La clave está simplemente en convertir tus «visitas obligadas» en «visitas con significado».

Cuando alguien te pregunta qué haces, es muy fácil dar la respuesta de «obligación»: soy auditor, busco errores en formularios de impuestos; soy investigador, busco patrones estadísticos; soy revisor de tren, sólo recojo los tiques. Y así sucesivamente. Cuando hablas de esta manera, no sólo estás aburriendo a los demás, también estás aburriendo a tu propio cerebro. ¿Quién se sentiría con energía yendo a un trabajo que fuera «sólo» algo? Recuerda que, como argumentó la investigadora de Yale Amy Wrzesniewski, tu compromiso, éxito y energía –y a su vez tu potencial– dependen de si consideras tu ocupación «sólo un trabajo», un medio para obtener un salario, o una «vocación», en la cual tu trabajo tiene un propósito y significado.

Quiero que reescribas ese discurso que les das a las personas en los cócteles cuando te preguntan qué haces. Deja de hablar de tus tareas diarias y concéntrate en el significado más amplio de tu trabajo. Si eres abogado, tu trabajo no es sólo redactar informes y facturar a los clientes, sino ayudar a las familias a encontrar justicia o a hacer cumplir la ley. Si eres profesor, no sólo estás calificando exámenes esta semana, sino que estás ayudando a educar a una nueva generación de padres y líderes. Si trabajas en limpieza, no sólo estás limpiando las calles y los parques, sino que estás tratando de proteger el planeta y dar a las futuras generaciones la oportunidad de conocer la naturaleza.

La mejor manera que he visto de reconectar con el significado es crear una narrativa visual. Por ejemplo, invita a tu equipo o a tu familia a que te envíen fotos de sus momentos más significativos del último año y luego «inmortalízalas» en un álbum de fotos físico o en línea (hay muchísimos sitios web que facilitan esta actividad, que sólo ocupa de quince a treinta minutos). Realizar esta actividad significativa no sólo os proporciona a ti y a tu equipo una inyección de energía, sino que también os deja un recuerdo duradero de significado: una fuente de energía que podéis aprovechar cuando os falte. El poeta italiano Cesare Pavese escribió: «No recordamos días, recordamos momentos». A esto añadiría que cuanto más revivas esos momentos significativos, más valor obtendrás. Además, al implicar a otros en la visita con significado, lo conviertes en una fuente de impulso y energía colectiva.

Una empresa que ha ideado una buena estrategia para generar impulso colectivo es Zappos. Una vez me invitaron a una reunión general de la tienda *online* de zapatos y ropa, y al aterrizar en el aeropuerto, un empleado del centro de llamadas que iba a ser mi guía turístico ese día vino a recogerme. (Parecía que el Air Force One y el Air Force Two también estaban ocupados ese día).

Zappos, como muchos saben, invita a líderes empresariales de todo el mundo a recorrer sus oficinas para descubrir la magia de su empresa. Si bien estos líderes se van con importantes lecciones sobre cómo crear una cultura empresarial positiva, el verdadero valor de esta tradición es brillante y está oculto, ya que se trata, de hecho, de visitas con significado, cuyo valor reside en los empleados de Zappos. Al igual que los empleados de la Casa Blanca, al ver a pequeños grupos de importantes líderes empresariales recorrer su centro de llamadas y maravillarse de su eficiencia, contagiarse de la energía positiva o preguntarse cómo replicar las prácticas de Zappos en sus propias empresas, recuerdan la suerte que tienen de trabajar en un lugar con una cultura tan maravillosa.

Recuerda, el Gran Potencial consiste en aprovechar el poder de los demás, y a menudo es más fácil para los demás encontrarle sentido a nuestra vida que para nosotros cuando estamos inmersos en la vorágine diaria. Así que recluta a algunos creadores de significado para que te ayuden a ver lo que te estás perdiendo. Por ejemplo, a mi hijo de dos años no le interesa mucho la investigación ni la ciencia ahora mismo, pero le encantan los camiones de basura. Y yo lo adoro. Así que dos veces por semana, salimos por la mañana y nos quedamos en el callejón esperando ver a sus héroes personales. Cuando vemos llegar a los basureros, los observa con fascinación mientras abren un cubo tras otro de basura maloliente. Al principio parecen estar haciendo su trabajo con normalidad, pero en cuanto ven que Leo los observa con admiración, se los ve sonreír. De repente, empiezan a moverse con más entusiasmo y presteza, y a menudo se detienen a compactar la basura justo delante de nosotros, sólo para provocar las ovaciones de un pequeño fan. Me gusta pensar que esa energía extra permanece con ellos cuando van a otra calle, y luego otra, y tal vez incluso cuando regresan a casa con sus hijos ese día.

Entonces, cuando hablas a otros sobre tu trabajo y tu vida, ¿qué visita les estás mostrando? ¿La que los deprime a ellos y a ti también, o la que aumenta tu energía y fortalece tu conexión con tu trabajo?

Recuerda, sin una fuerza desequilibrada, las personas en movimiento no siempre permanecen en movimiento. Pero la energía por sí sola no es suficiente para impulsarnos hacia el Gran Potencial. Si queremos mantener el impulso que hemos generado, también necesitamos una dirección clara. Incluso si esa dirección te lleva a lugares inesperados en busca de un propósito duradero… como Las Vegas.

ESTRATEGIA N.º 2: UTILIZA UNA DIRECCIÓN CLARA Y VÍVIDA

Dicen que lo que pasa en Las Vegas se queda en Las Vegas, lo cual espero que no siempre sea cierto; de lo contrario, es muy extraño que las empresas quieran celebrar allí congresos de formación o motivación. Una vez estuve allí en un congreso donde escuché a un director ejecutivo intentar animar a sus tres mil empleados con frases vagas como «Sé que podemos hacerlo», «Este año podemos lograr aún más» y «El futuro es brillante». Al observar a la multitud de asistentes, ávidos de orientación, era evidente que no encontraban nada en las palabras del director ejecutivo que les sirviera de inspiración. En cambio, escuchaban con cara de pocos amigos y con las risas y aplausos justos, como es sensato darle a quien, en última instancia, decide tu salario.

Para cuando el responsable de cumplimiento normativo hizo unas breves observaciones (que básicamente dieron a todos la oportunidad de ponerse al día con sus correos electrónicos), la energía en la sala se había agotado por completo, pues los cerebros comenzaron a desconectarse. Entonces, un alto directivo, que no pertenecía a la «importantísima» alta dirección, tuvo apenas quince minutos para hablar.

Casi de inmediato, la energía en la sala comenzó a cambiar cuando este directivo sénior, de aspecto bastante normal y muy directo, subió al escenario y empezó a describir cómo había estado trabajando con distintos departamentos de la organización para desarrollar un plan de cinco puntos para los próximos seis meses. Esto era exactamente lo opuesto al discurso del CEO sobre «los beneficios podrían aumentar», en términos de nivel de detalle. Para cada punto de la visión, el gerente detalló con precisión cómo sería el éxito. «Una vez que implementemos la tecnología X, así es como impactarán sus procesos y éstas son las mejoras específicas que se verán. Al aplicar la estrategia Y, esperamos que estas ciudades empiecen a mostrar este tipo de avances, lo que utilizaremos para generar cobertura mediática en cierto tipo de publicaciones, elevando así las ventas en estas categorías específicas. Y cuando tengamos éxito, así es como se verá al interactuar con clientes encantados y sorprendidos, y éstos son los tipos de comentarios que la gente publicará sobre vosotros y sobre nuestra empresa en las redes sociales».

Fue magnético. Ni siquiera trabajo allí, y aun así pude imaginar claramente cómo mi compromiso, mi desempeño y mis resultados mejorarían como resultado de estos cambios si lo hiciera. A pesar de la velocidad vertiginosa a la que tuvo que hablar el gerente para presentar todos los detalles precisos de su visión en sólo quince minutos, los aplausos después fueron estruendosos.

Más tarde, ese mismo día, asistí a un cóctel. Fue fácil llegar hasta el director ejecutivo para saludarlo, ya que sólo había unas pocas personas a su alrededor, y aún más fácil acercarme al responsable de cumplimiento normativo, quien, por supuesto, estaba bebiendo solo. Pero no pude acercarme a ese alto directivo, rodeado de un montón de colegas agradecidos que querían estrecharle la mano y hacerle saber cuánto les había inspirado su discurso. Era evidente que su breve charla les había dado la inyección de energía que necesitaban para superar la apatía y la inercia que había presenciado esa misma mañana.

En una era de redes sociales hipercríticas, algunas empresas, con temor, han optado por contratar directores ejecutivos que sean buenos políticos. Son deliberadamente ambiguos y parcos en detalles, demasiado insulsos para causar un escándalo y demasiado vagos para atribuirles un desacuerdo. El problema con estos ejecutivos es que no inspiran energía, motivación ni dirección. Pero este directivo comprendió claramente que la magia está en los detalles: que la diferencia entre tópicos motivacionales vacíos y un impulso sostenible a largo plazo comienza con ayudar a las personas a visualizar exactamente cómo podría ser ese «futuro mejor».

Si eres una persona pragmática o de mentalidad literal, quizá llegues a esta sección con cierta dosis de escepticismo sobre el poder de la visualización. Y, de hecho, muchos no se equivocan al creer que visualizar el éxito a menudo es poco más que un simple sustituto de hacer algo para lograrlo. Sin embargo, la visualización es mucho más que simplemente sentarse e imaginar que sucederán cosas buenas. Existe una gran cantidad de investigaciones que sugieren que la visualización mental puede influir de manera drástica en nuestras acciones.

Una nueva investigación las universidades de Oxford y Cambridge, por ejemplo, sugiere que la capacidad de imaginar de manera vívida detalles sobre un futuro brillante aumenta de forma drástica la energía y el impulso, lo que a su vez conduce a la acción constructiva. Cuando nuestra mente puede visualizar con exactitud cómo se ve ese futuro, puede orientarse hacia el futuro brillante que visualizamos.[36]

Esto se debe en gran medida a que cuanto más vívidamente imaginamos algo, más alcanzable lo sentimos. En un libro que hace que un deporte aburrido sea menos aburrido, *Golf My Way*, Jack Nicklaus, una leyenda del golf, describe su juego mental con todo lujo de detalles.

---

36. Holmes, E. A., James, E. L., Blackwell, S. E. y Hales, S., «They flash upon that inward eye», *The Psychologist* 24, 340-343, 2011.

Observa bien lo vívidas que son las imágenes. No se trata de «Imagino el tiro entrando». En cambio, escribió:

Nunca doy un golpe, ni siquiera en los entrenamientos, sin tener una imagen nítida y enfocada en mi cabeza. *Es como una película a color.* [Las cursivas enfáticas son mías]. Primero, veo la pelota donde quiero que termine, blanca y resaltada sobre el césped verde brillante. Luego, la escena cambia rápidamente y «veo» la pelota yendo hacia allí: su trayectoria, su forma, incluso su comportamiento al aterrizar. Luego hay una especie de fundido, y la siguiente escena me muestra haciendo el tipo de *swing* que hará realidad las imágenes anteriores. Sólo al final de ese breve y privado espectáculo hollywoodense, elijo un palo y me acerco a la pelota.[37]

Esto no es sólo un ritual excéntrico; existen datos reales que demuestran que visualizar un éxito aumenta la probabilidad de que se haga realidad. Las investigaciones han demostrado que si visualizas un tiro, tu probabilidad de acertar aumenta ligeramente.[38] Más significativo aún es que si visualizas despertarte a las cinco de la mañana para practicar, visualizar tu técnica y visualizar la sensación del balón en tus manos justo antes de que salga hacia la canasta, tu probabilidad de acertar aumenta aún más. De manera similar, he descubierto que cuando personas que temen hablar en público se visualizan a sí mismas desde una perspectiva en tercera persona (como la de un miembro del público sentado en la platea), y se imaginan hablando con competencia y confianza, su ansiedad disminuye de manera drástica, lo que da como resultado una presentación más segura y efectiva.

Son lo que llamamos «simulaciones perceptivas»,[39] y aún está por verse el alcance completo de su poder. Por ejemplo, estoy trabajando

---

37. Nicklaus, J. y Bowden, K., *Golf My Way*, Simon & Schuster, Nueva York, 1974. Cita leída originalmente en http://biovisualfocus.com/member/articles/where-the-focus-comes-from/
38. http://psycnet.apa.org/psycinfo/1962-00248-001
39. Moulton, S.T. y Kosslyn, S.M., «Imagining predictions: Mental imagery as mental emulation. Philosophical Transactions by the Royal Society», *Biological Sciences* 364, 1273-1280, 2009.

con el Centro para la Salud del Cerebro en Dallas para ver cómo el uso de la realidad virtual para visualizar un futuro más positivo podría tener un impacto en los soldados con TEPT o los estudiantes que luchan contra el autismo o los trastornos del aprendizaje. Basándonos en la investigación de Simon Blackwell y su equipo, quienes descubrieron que al aumentar la viveza de nuestras imágenes mentales de un futuro positivo podríamos ayudar a otros a pasar no sólo a un mayor estado de optimismo, sino también a un mayor bienestar emocional y físico,[40] creemos que al utilizar simulaciones de realidad virtual, que es lo más vívido posible, de interacciones o entornos sociales positivos, el cerebro puede realmente aprender a construir una imagen esperanzadora del futuro.

Además, la investigadora de la Universidad de Nueva York, Tali Sharot, y sus colegas publicaron un estudio en *Nature*, una de las revistas académicas más prestigiosas, que reveló que cuanto más detallada sea nuestra visualización, más empezamos a sentir las emociones específicas de ese estado futuro a nivel neuronal.[41] Al imaginar la alegría que sentiríamos al obtener ese ascenso, por ejemplo, podemos preexperimentar esa alegría ahora.[42] Y eso, a su vez, nos proporciona la motivación y la dirección que necesitamos para hacer realidad ese futuro. Las imágenes vívidas son como imanes que nos atraen hacia ese futuro mejor.

Es la viveza de la visualización la que cambia el comportamiento. Por ejemplo, el día antes de las elecciones presidenciales estadounidenses de 2004, investigadores realizaron un brillante estudio en el que animaron a la gente a visualizarse vívidamente votando desde una perspectiva en tercera persona o a vista de pájaro. La teoría era que si las personas podían «verse» entrando a la cabina de votación, rellenando la

---

40. Blackwell, S. E. *et al.,* «Optimism and mental imagery: A possible cognitive marker to promote well-being?», *Psychiatry Research* 206 (1), 56-61.

41. Sharot, T., Riccardi, A. M., Raio, C. M. y Phelps, E. A., «Neural mechanisms mediating optimism bias», *Nature* 450, 102-105, 2007.

42. Stöber, J., «Prospective cognitions in anxiety and depression: Replication and methodological extension», *Cognition & Emotion* 14, 725-729; Holmes, E. A., Lang, T. J., Moulds, M. L. y Steele, A. M., «Prospective and positive mental imagery deficits in dysphoria», *Behaviour Research and Therapy* 46, 976-981, 2008.

papeleta, etc., sería más probable que lo hicieran.[43] Y, de hecho, al día siguiente, quienes se habían visualizado así votaron en mayor número que el grupo de control.

Por otro lado, una investigación de la prestigiosa Clínica Cleveland sugiere que la simple visualización de hábitos saludables, como el ejercicio, puede tener efectos similares a los de los propios hábitos. Guang Yue comparó a personas que iban al gimnasio varias horas a la semana con personas que dedicaban la misma cantidad de horas a realizar un vívido «entrenamiento virtual» mentalmente. Como era de esperar, quienes sí iban al gimnasio experimentaron un aumento del 30 % en su masa muscular. Lo sorprendente fue que *quienes sólo realizaban un entrenamiento mental experimentaron un aumento del 13,5 % en su masa muscular,* sin levantar una sola pesa. Y esto se mantuvo durante los tres meses siguientes. Es evidente que aún no hemos aprovechado al máximo el poder del cerebro para la visualización.

Visualiza rutas de éxito en lugar de rutas de escape

Recuerdo que en la universidad, cuando una chica que me gustaba mucho rompió conmigo, mi padre, neurocientífico, intentó consolarme lo mejor que pudo diciéndome: «Hijo, tienes mil millones de neuronas apuntando en la dirección equivocada». Fue el comentario más extraño que he recibido después de una ruptura, pero ahora entiendo a qué se refería. Me había vuelto tan bueno imaginando a mi ex con su nuevo novio —acurrucándose juntos en un rincón acogedor de un restaurante romántico, besándose apasionadamente o disfrutando de su feliz convivencia en Target— que mi cerebro había empezado a creer que esa versión del futuro era real. (No lo era).

Así como las visualizaciones positivas nos ayudan a dirigir nuestra energía hacia resultados positivos, visualizar un futuro negativo puede frenar nuestro impulso. Por eso, la oradora y autora Brené Brown advierte a su público contra el «ensayo general de la tragedia», que descri-

---

43. Libby, L. K., «Picture yourself at the polls: Visual perspective in mental imagery affects self-perception and behavior», *Psychological Science* 18: 199-203, 2007.

be la experimentación mental de una tragedia futura teórica como si fuera un evento real. Definitivamente yo he sido culpable de esto mismo. A veces, al dormirme, pienso en qué pasaría si un intruso entrara en nuestra casa. Luego pienso en cómo podrían intentar atacar a Leo. Luego pienso en qué objetos agarraría para defenderme antes de correr a su habitación. Y luego si escaparía al tejado con él, pero ¿y si el tejado estuviera resbaladizo? ¿Intentaría saltar al suelo protegiendo la cabeza de Leo, arriesgándome a romperme las piernas y no poder seguir corriendo?... Sólo escribiéndolo, mi corazón ya late más fuerte. Mi cuerpo está ensayando mentalmente para la situación con ese hipotético intruso. Sin embargo, nunca ha entrado un intruso en mi casa y es muy probable que nunca lo haga. Y aunque es valioso tomar algunas precauciones en caso de un suceso tan improbable, cuando dedicamos todo nuestro tiempo y recursos mentales a imaginar rutas de escape, a menudo no planificamos *rutas de éxito.*

En lugar de imaginarme esa pesadilla, podría haberme quedado dormido pensando en cosas divertidas que podríamos hacer en familia el fin de semana o en nuevas maneras de enseñarle el alfabeto a Leo mañana. Habría sido un uso mucho más productivo de mi tiempo y una manera mucho más sana de canalizar mi energía mental.

Positiva o negativa, cuanto más vívida sea la visualización, más real se siente. Y las investigaciones demuestran que cuanto más real se siente, más probable es que afecte nuestro comportamiento.[44] Sólo cuando lo reconocemos podemos empezar a salir de un círculo vicioso en el que nuestras imágenes mentales alimentan nuestro miedo hacia una imagen del mundo que nos da poder.

Así que, en lugar de ensayar la tragedia, ¿por qué no intentar ensayar el éxito? Pero así como ningún artista en un espectáculo puede ensayar solo, para generar el impulso suficiente para mantener los beneficios del Gran Potencial, también necesitamos ensayar el éxito con nuestros equipos, amigos y familias.

---

44. Mathews, A., «Feels like the real thing: Imagery is both more realistic and emotional than verbal thought», *Cognition & Emotion* 27, 217-229, 2013; Holmes E. A. y Mathews, A., «Mental imagery in emotion and emotional disorders», *Clinical Psychology Review* 30, 349-362, 2010. doi: 10.1016 / j.cpr.2010.01.001.

Impúlsate con el poder del relato

Cualquier buen tenista, o incluso uno mediocre como yo, sabe que la clave para ganar es primero visualizar hacia dónde va el tiro, hacer un buen contacto con la pelota y luego completar el movimiento. Sin embargo, muchos líderes, incluido el director ejecutivo que conocí en Las Vegas, sólo tienen una idea vaga de hacia dónde quieren llevar a sus empresas o equipos. Por lo tanto, no logran conectar con sus empleados ni inspirarlos, y luego no logran el objetivo, porque creen que ya han fracasado. Si el líder simplemente dice «El futuro es brillante» sin dar detalles, es poco probable que conecte con su equipo a nivel emocional. Como escribió el gurú de la gestión Peter Senge en 1990: «La visión sin pensamiento sistémico termina pintando imágenes hermosas del futuro sin una comprensión profunda de las fuerzas que deben dominarse para avanzar de un punto a otro [...]. Pero el pensamiento sistémico también necesita la disciplina de construir una visión compartida, modelos mentales, aprendizaje en equipo y dominio personal para alcanzar su potencial».[45]

Líderes empresariales, docentes, políticos y padres que desean construir una visión compartida, crear modelos mentales y fomentar el aprendizaje en equipo pueden aprender mucho de cómo los mejores autores utilizan las palabras para evocar imágenes vívidas en la mente colectiva de sus lectores. Decir simplemente «Era un día oscuro y tormentoso» no es tan impactante como describir cómo «las gotas de lluvia tamborileaban contra el cristal de la ventana como un pianista golpea las teclas». Si queremos que la gente se entusiasme con el rumbo que le estamos dando, debemos elevar de forma similar su visión colectiva de cómo puede ser un mundo positivo. Por ejemplo, un directivo podría intentar describir los correos electrónicos efusivos y entusiastas que los empleados recibirán de clientes agradecidos tras la implementación de la nueva capacitación en atención al cliente; un líder de una organización sin fines de lucro podría mostrar fotos de destinatarios sonrientes al describir el impacto potencial de una nueva iniciativa de recaudación de fondos; o un entrenador podría describir los aplausos

---

45. Peter M. Senge, *La quinta disciplina*, Granica, Barcelona, 1993.

atronadores que estallarán en las gradas una vez que el equipo supere su mala racha y gane las semifinales. Esto también se aplica a nosotros como padres. Un padre que simplemente dice: «Piensa en lo orgulloso que te sentirás si destacas en la escuela» o «Imagina lo feliz que serás cuando entres a la universidad» no inspira a su hijo a sobresalir tanto como el padre que pinta una imagen vívida de ese hijo de pie en el escenario dando el discurso de despedida en la fiesta de graduación, o de ir a la tienda de la universidad a comprar su primera sudadera con el logo de su nueva universidad, que utilizará para abrigarse mientras lee en el banco fuera de la biblioteca en octubre. No basta con decirles a nuestros hijos que un futuro brillante es posible; necesitamos ayudarlos a visualizar lo verdaderamente posible que podría ser ese futuro.

Una vez cené en Milán la noche anterior a una charla con Martin Seligman, el padre de la psicología positiva de la Universidad de Pensilvania, y Barry Schwartz, autor del brillante libro *The Paradox of Choice*. En un momento de la conversación (durante el cual estuve demasiado nervioso como para pronunciar palabra), el doctor Seligman dijo estas sabias palabras: «La acción no se ve impulsada por el pasado, sino por el futuro». Siendo sincero, en aquel momento no estuve de acuerdo, pero ahora entiendo a qué se refería. Nos sentimos atraídos magnéticamente por las imágenes vívidas del futuro.

Una de las maneras más efectivas y estudiadas de visualizar vívidamente nuestro futuro es escribir sobre él. El acto de elaborar conscientemente la narrativa de un evento, ya sea pasado o futuro, dirige nuestra energía hacia él. En un estudio, la investigadora Laura King descubrió que cuando las personas escribían sobre su mejor versión (el tipo de persona que aspiran a ser y creen que es posible llegar a ser), su salud y bienestar mejoraban significativamente.[46] Y en una investigación realizada por Kristin Layous, Katherine Nelson y Sonja Lyubomirsky, cuando se invitó a las personas a escribir una vez a la semana sobre su mejor versión futura que pudieran imaginar, después de un mes, este simple acto elevó de manera significativa su bienestar físico, su felicidad y su conexión, los componentes más cruciales del potencial

---

46. King, L. A., «The health benefits of writing about life goals», *Personality and Social Psychology Bulletin* 27, 798-807, 2001.

sostenido.[47] Así que, si quieres alcanzar tus metas, en el trabajo o en tu vida personal, ¡escribe sobre ellas! Y hazlo de la manera más vívida posible. Piensa en ello como escribir el guion de una película taquillera de Hollywood, rica y en tecnicolor, protagonizada por tu mejor versión futura.

Estas técnicas no sólo nos ayudan a mantener los logros a corto plazo; nuestros esfuerzos por concebir vívidamente un futuro positivo tienen un impacto duradero. En un estudio con personas con depresión clínica, visualizar imágenes cada vez más vívidas del futuro no sólo aumentó el optimismo y disminuyó la depresión, sino que estos efectos persistieron siete meses después.[48]

Este hallazgo es crucial. Escribo esto tras unas elecciones políticas tumultuosas en las que ambos bandos afirmaron no poder prever nada más que unos próximos cuatro a ocho años desastrosos si el otro ganaba. Si bien es comprensible, esta perspectiva nos quita energía y sólo aumenta la probabilidad de que nuestros miedos se hagan realidad. Sólo cuando podamos vernos realmente superando cualquier desafío al que nos enfrentemos, podremos perseverar en nuestros esfuerzos por ayudar a crear un mundo mejor.

ESTRATEGIA N.º 3: CELEBRA LAS VICTORIAS

Hoy, temprano, durante una pausa que me he tomado mientras escribía, he decidido salir a caminar por el vecindario para despejar la mente. He pasado frente a un patio que alguien había decorado con carteles y globos, y en una de las ventanillas de un coche habían escrito: «¡Mucha suerte en el Torneo del Distrito!», junto con un dibujo de un balón de fútbol y otros mensajes alentadores. He sonreído. Algo en eso me ha hecho recordar con cariño mis días de jugador de fútbol americano en

---

47. Layous, K., Nelson, S. K. y Lyubomirsky, S., «What is the optimal way to deliver a positive activity intervention? The case of writing about one's best possible selves», *Journal of Happiness Studies* 14 (2), 635, 2013. doi:10.1007/s10902-012-9346-2.

48. https://www.ncbi.nlm.nih.gov/pmc/articles/PMC5241224/

el equipo de la preparatoria... o, más exactamente, los días que pasé viendo sin parar la serie de televisión *Friday Night Lights*.

Tanto si éramos la estrella del equipo de fútbol americano o estábamos en casa viendo la televisión los viernes por la noche, la preparatoria fue una etapa desafiante y confusa para todos nosotros. Y aunque no puedo decir que extrañe los cambios hormonales desbordados, los chismes o los dramas sentimentales, sí extraño ese sentido de unidad en el que todos animábamos a los demás frente a retos compartidos y celebrábamos juntos los logros comunes. Después de todo, ¿cuándo fue la última vez que alguien puso carteles en tu puerta diciendo «¡Buena suerte en tu llamada de ventas!» u organizó un mitin para darte ánimos cuando empezaste un nuevo trabajo? La cuestión es que no basta con esforzarse para alcanzar el Gran Potencial; también debemos celebrarlo.

Si le robas a la vida la celebración, no estás viviendo de verdad. Si tienes un éxito, en el trabajo o en cualquier otro lugar, y no lo celebras con todos los que contribuyeron a su realización, eso no es un triunfo, porque de manera inconsciente has adoptado la mentalidad del Pequeño Potencial, que afirma que los triunfos pertenecen sólo a una persona. Ahora sabemos que los triunfos del Gran Potencial son éxitos colectivos y, por lo tanto, merecen nuestra celebración colectiva.

Recuerda los momentos más felices y memorables de tu vida. Para la mayoría de las personas, tienen algo en común: la presencia de amigos o seres queridos. Son las celebraciones de bodas, grandes o pequeñas. Son las fiestas de cumpleaños, las fiestas de bienvenida y las fiestas de inauguración. Son las comidas navideñas, los *baby showers* y las ceremonias de premios. Para la presentación de los libros *The Happiness Advantage* y *Before Happiness*, mi hermana Amy horneó pasteles con forma de libros abiertos y los decoró con glaseado naranja y negro para que parecieran las portadas de los libros (por supuesto, también añadió un pequeño unicornio de mascarpone para marcar su territorio). Si soy sincero, una gran parte de la razón por la que estoy escribiendo este libro es para que me hagan otra de esas tartas. Las celebraciones son la fuerza motivadora definitiva, porque no sólo destacan un momento importante en nuestra vida, sino que ellas mismas son, en sí mismas, un momento cumbre.

Al principio de mis estudios en la Escuela de Teología, creía que las personas más santas eran las que más se sacrificaban. Después de todo, ¿no es la ausencia de las posesiones materiales una de las claves para vivir una vida santa? Y la Biblia está llena de historias de personas que dieron sus posesiones terrenales a los pobres o que ayunaron durante cuarenta días en el desierto. Pero cuanto más aprendía, más me daba cuenta de que, en la vida, nuestras fiestas deben ser tan sagradas como nuestros ayunos. Los ayunos nos recuerdan que debemos ser ágiles, humildes y estar centrados. Las fiestas nos recuerdan cuánto hemos progresado y pueden servir como combustible para nuestro deseo de seguir luchando por más.

Celebra lo pequeño

Una vez trabajé en un hospital de California donde, cada vez que un paciente con cáncer entraba en remisión, algunas enfermeras lo celebraban con una merienda. Pronto se corrió la voz y otros empleados y médicos pidieron unirse. No pasó mucho tiempo antes de que antiguos pacientes se enteraran de estas «fiestas de remisión» y también quisieran asistir de vez en cuando. Tiene sentido, todos quieren celebrar un gran triunfo, y que el cáncer entre en remisión es prácticamente el mayor triunfo posible. Pero la cuestión es la siguiente: debemos celebrar no sólo los grandes triunfos, sino también los pequeños.

A menudo esperamos hasta que ocurra algo trascendental —un nacimiento, un ascenso importante, una graduación— para felicitar de verdad a las personas que nos rodean, y si bien estas cosas sin duda deberían celebrarse, ¿por qué deberíamos limitarnos a eventos importantes relativamente poco frecuentes? En *The Happiness Advantage*, hablo sobre cómo los dos mayores motivadores para alcanzar nuestras metas son la percepción de progreso y sentir que la meta está cerca. Sin embargo, habrá momentos en que la meta nos parezca muy lejana, lo que hace que celebrar los pequeños pasos hacia ella sea mucho más importante.

Mi esposa Michelle y yo vimos de primera mano el poder de celebrar los pequeños triunfos con una amiga nuestra, quien empezaba a sentirse frustrada por lo poco que su esposo ayudaba en casa. Ambos trabajaban muchas horas, y mientras ella llegaba a casa para cocinar y cuidar a los niños, él solía tirarse en el sofá y desconectarse viendo los canales deportivos de la ESPN. Al principio, intentaba pedirle con cariño que hiciera algunas cosas aquí y allá, pero a menudo le costaba más trabajo convencerlo que hacerlo ella misma. Cuanto más frustrada se sentía, más se veía a sí misma convirtiéndose en una latosa. Pronto se dio cuenta de que estaba canalizando su energía en la dirección equivocada; sus reproches no sólo no lo motivaban, sino que lo ponían de los nervios, y por eso se hundía más en el sofá. Éste es un ejemplo clásico de un círculo vicioso.

Entonces Michelle sugirió que nuestra amiga lanzara una campaña de celebración con su esposo durante una semana. Así, durante ese período de tiempo, en lugar de regañarlo, nuestra amiga elogió de manera activa todo lo que hacía para ayudar en la casa. (La clave al hacer esto, le dijimos, es evitar el sarcasmo en la voz). Al principio pensó que estábamos locos, pero luego lo intentó. En lugar de mencionar que la casa estaba llena de sus trastos de pesca y de su ropa de baloncesto, decía: «Guau, ha sido de gran ayuda que jugaras con los niños esta noche». O en vez de quejarse de que él nunca la ayudaba en la cocina, decía: «Gracias por pedir *pizza*. Ha sido una gran idea». Durante una semana completa, siguió reforzando la idea de que él era una persona servicial.

Quizá te preguntes si todos estos comentarios positivos le hicieron sentir que ya hacía suficiente y que podía permitirse el lujo de relajarse. Pero ocurrió todo lo contrario. El jueves de esa semana arregló un grifo que llevaba dos meses goteando. Y el sábado recogió la mesa, algo que, según ella, no recordaba que hubiera hecho nunca a menos que su madre estuviera de visita. ¿Por qué? Porque estaba cumpliendo con la nueva imagen que su esposa le había dado. Con la ayuda de su esposa, ahora se veía como alguien que ayuda, y los que ayudan, ayudan.

El simple hecho de felicitar a una persona o equipo por su compañerismo, sus fortalezas y sus contribuciones diarias, por pequeñas o aparentemente insignificantes que sean, refuerza una imagen más empoderada y les ayuda a visualizarse vívidamente como personas dignas de felicidad y éxito. Asimismo, celebrar a alguien por su amabilidad, creatividad o esfuerzo les ayuda a visualizarse vívidamente como alguien amable, creativo o trabajador. Al hacerlo, te conviertes en un imán que atrae cada vez más energía hacia esa dirección.

Puedes probar este enfoque con tu jefe, con tus compañeros o incluso con tus hijos. Funcionó con nuestro hijo Leo, que odia irse a la cama. Al principio, nuestra táctica era simplemente ser firmes. Pero cada vez que decíamos algo como «Vale, tienes que irte a la cuna ahora», su respuesta era «No. Abajo. Coches». Pero una vez que empezamos a elogiarlo por irse a la cama y a prepararle desayunos especiales para celebrar que dormía en su cama la noche entera, todo cambió. Ahora se va a la cama de forma voluntaria, porque intenta vivir a la altura de esa imagen de buen dormilón.

Un fascinante estudio realizado por Adam Grant en la Wharton Business School muestra que celebrar la bondad de las personas puede impulsarlas a hacer *más* por el mundo. En concreto, buscaba maneras de convertir a las personas en donantes.[49] Un método, el que la mayoría creía que funcionaría, consistía en pedirle a la persona que se tomara un momento para pensar en tres ocasiones en las que otras personas se habían dado desinteresadamente A SÍ MISMAS en el pasado. La idea era que recordar la generosidad recibida les incitaría a dar más, ya sea «devolviendo el favor» o «haciéndole un favor a otra persona». Esto funcionó sólo de manera marginal. Pero entonces los investigadores decidieron darle la vuelta. Pidieron a los participantes que pensaran en tres maneras en las que ELLOS hubieran sido generosos con OTROS en el pasado. Resultó que quienes recordaron una ocasión en la que ellos mismos habían sido generosos dieron mucho más que quienes participaron en la primera parte del estudio. He aquí la razón: cuando los participantes recordaban sus actos pasados de compasión y generosidad, creaban una construcción mental sobre sí mismos que necesitaban justificar, tal como lo hicieron el marido de mi amiga y mi hijo. En este caso fue: «Soy un donante. Y los que dan, dan».

Así que, si quieres ver el Gran Potencial en acción, ¿por qué no eliges a alguien de tu entorno, ya sea en el trabajo o en casa, y durante una semana intentas dejar atrás lo que hace mal y celebrar con él lo que

---

49. https://www.amazon.com/Give-Take-Helping-Others-Success/dp/0143124986

hace bien? Un beneficio adicional: ¡también te hará sentir bien! Como recordarás del capítulo 5, «Potencia tus recursos», lo que el cerebro percibe se refuerza. Así que buscar de un modo activo cosas nuevas que celebrar con esa persona a menudo cambiará la imagen que tienes de ella. Ahora, en lugar de ver constantemente las cosas que te sacan de quicio, recordarás lo mejor de ella.

Celebra las fortalezas

Una vez que no sólo se ven las fortalezas de las personas, sino que se celebran, comienzan a ocurrir cosas increíbles. Cuando cuatrocientos empleados de cincuenta y cuatro equipos de trabajo en el centro de repuestos de Toyota en Estados Unidos participaron en un programa de un año diseñado para celebrar sus fortalezas y éxitos, la productividad en el almacén aumentó un 6 %, una cifra considerable en comparación con la variación anual habitual de entre el −1 y el 1 %. Y los dos equipos que se sometieron a un programa más intensivo basado en las fortalezas experimentaron un aumento del 9 % en su productividad después de tan sólo seis meses.[50]

De hecho, un metaanálisis de sesenta y cinco organizaciones reveló que aquellas que celebraban las fortalezas y los éxitos mostraron no sólo un mayor compromiso de sus empleados, sino también un aumento anual promedio en la productividad estimado en más de 1000 dólares por empleado. Esto representa ganancias de más de 1 millón de dólares al año para una organización con 1000 empleados y de más de 5,4 millones de dólares para la empresa promedio que participó en el estudio.

Un estudio realizado en el Centro Médico St. Lucie de Florida sugiere que estos enfoques también ahorran dinero a las empresas al reducir la costosa rotación de personal; después de que setecientos empleados del centro médico se sometieran a una intervención basada en

---

50. Clifton, D. O. y Harter, J. K., «Investing in Strengths», en *Positive Organizational Scholarship*, editado por Cameron, K. S., Dutton, J. E. y Quinn, R. E., 111-121, Berrett-Koehler, San Francisco, 2003; Connelly, J., «All together now», *Gallup Management Journal* 2 (1), 13-18, 2002.

la fuerza durante dos años, la rotación de personal cayó un 50 % y la clasificación del hospital en satisfacción de los pacientes aumentó un 160 %.[51]

Desafortunadamente, durante muchos años, el desarrollo de los empleados en la mayoría de las empresas se centró en las debilidades de las personas. Basándonos en lo que comentamos en el capítulo 5, «Potencia tus recursos», los directivos solían identificar las áreas de mayor necesidad de mejora de sus empleados, quienes recibían capacitación en esas áreas. El problema era que estos enfoques servían sobre todo para reforzar los problemas, no para solucionarlos. ¿Por qué? Porque al mostrar a las personas una imagen de sí mismos como alguien a quien «se debe corregir», esos directivos, sin darse cuenta, estaban desviando la energía de las personas hacia la dirección equivocada. Alguien enviado a una capacitación sobre «habilidades de presentación», por ejemplo, comenzaba a considerarse un presentador terrible e inconscientemente actuaba de maneras que confirmaban esa autoimagen, y el deseo de actuar de acuerdo con nuestra autoimagen, o de evitar lo que los psicólogos llaman «disonancia cognitiva», puede ser una fuerza mucho más poderosa que cualquier conjunto de habilidades aprendidas en una sesión de capacitación de un día.

Así que no es de extrañar que muchas empresas ahora se centren más en felicitar a sus empleados que en «arreglarlos». Mientras creaba el curso en línea sobre felicidad para la red OWN de Oprah, invité a la jefa de aprendizaje y desarrollo de McKinsey & Company a mi casa para hacerle una entrevista. Ashley Williams es una de las líderes más innovadoras y eficaces que he conocido en el ámbito del aprendizaje corporativo; sin embargo, es extremadamente humilde y (como un verdadero prisma) siempre atribuye sus éxitos directamente a su equipo. En nuestra entrevista, me contó cómo McKinsey, conocida por ser una de las empresas más competitivas, había descubierto que su infame estilo de «derribar y construir» en las evaluaciones de desempeño disminuía de manera constante el rendimiento, aumentaba el estrés y alejaba a los buenos talentos.

---

51. Black, B., The road to recovery, *Gallup Management Journal* 1, 10-12, 2001.

McKinsey se enorgullece de su enfoque basado en datos, por lo que se propuso comprobar de forma empírica qué tipo de conversaciones sobre rendimiento tendrían un mejor efecto. De hecho, descubrieron que centrar más energía y atención en las fortalezas que en las debilidades era significativamente más eficaz en términos de satisfacción del cliente, retención de talento y compromiso con los socios. El único problema era que el estilo tradicional de hacer las cosas se había arraigado en la cultura de la empresa, sobre todo entre los socios que habían ascendido gracias a la mentalidad de «derribar y construir». Por ello, la empresa creó vídeos de sus socios con más éxito que ejemplificaban cómo centrar las conversaciones en celebrar las fortalezas de las personas. Eso me gusta por dos razones: primera, significa que realmente podemos cambiar la mentalidad de la vieja guardia en una organización; y segunda, los vídeos son ejemplos de cómo ofrecer a las personas una imagen clara de lo que puede parecer el cambio, y eso puede ayudarles a identificar maneras de celebrar los logros, uniendo así de manera sencilla las dos estrategias.

No hace falta ser directivo ni trabajar en Recursos Humanos para encontrar maneras de celebrar los éxitos en el trabajo. Cualquiera puede organizar una comida con *pizzas* una vez al mes para celebrar los logros colectivos del equipo. Cualquiera puede planificar una salida a disfrutar de una *happy hour* al final de una semana muy ajetreada para celebrar el esfuerzo de todos, o simplemente porque lo necesitan. Lo mejor de esta estrategia es que para llevarla a cabo es increíblemente fácil encontrar motivos y maneras de celebrarlo.

Celebrar el significado

George Clooney, propietario de una casa en el lago de Como, dijo una vez: «Creo que en Italia la gente vive mejor que nosotros. Es un país más antiguo, y han aprendido a celebrar la cena y el almuerzo, mientras que nosotros comemos lo más rápido posible para aguantar».[52] Y tiene razón. Atrapados en el ajetreo del trabajo y la vida, a menudo olvida-

---

52. www.azquotes.com/quotes/topics/celebrate.html

mos detenernos a celebrar el simple placer que nos brinda la buena comida. Pero a esto añadiría que debemos celebrar no sólo la comida que nutre nuestro cuerpo, sino también el significado que nutre y sustenta nuestra alma y nuestro espíritu.

Después de escuchar una charla que di a cinco mil enfermeras de cuidados intensivos en Boston, Anne Weaver, del UMass Memorial Medical Center, encontró una manera de celebrar el significado a través de todas las pruebas y tribulaciones que se presentan al trabajar en un área de cuidados críticos: ella y otras tres enfermeras se nombraron a sí mismas miembros de un comité de felicidad. Uno de los inventos más brillantes del comité fue un juego que llamaron «Felicítate, felicítame». Las reglas eran simples: cada empleado que trabajaba en la unidad de cuidados críticos fue invitado a escribir una cosa significativa sobre alguien en el área de atención y una cosa significativa sobre sí mismo. Por ejemplo, Anne podría escribir: «Sharon se tomó unos minutos del ajetreado día para enseñarme algo cuando realmente necesitaba su ayuda. Y utilicé el humor para calmar y consolar a un padre asustado». Luego, quien fuera nombrado más veces en el transcurso de un mes recibí como premio 100 dólares (que se donarían a un banco de alimentos local).

Este ejercicio no sólo unió a los equipos, sino que también tuvo otro beneficio crucial. En esos treinta segundos que invertían en participar, se veían obligados a pensar en algo que celebrar de sus colegas y a encontrar algo que celebrar de sí mismos. Porque, por muy importante que sea celebrar los logros de los demás, no podemos alcanzar el Gran Potencial si no celebramos los nuestros.

A lo largo del libro hemos hablado de cómo el éxito y el potencial están interconectados, y de cómo ayudar a quienes nos rodean a lograr más, eleva también el límite de lo que nosotros podemos alcanzar. Pero aquí está el punto clave: hay una razón por la cual nos dicen que primero nos coloquemos nuestra propia máscara de oxígeno antes de ayudar a alguien más en caso de un accidente aéreo. Es porque si no estamos respirando oxígeno nosotros mismos, difícilmente seremos de ayuda para los demás. Lo mismo ocurre con el Gran Potencial. Si nuestro propio impulso se detiene o se estanca, no tendremos ninguna posibilidad de ayudar a otras personas a acelerar el suyo. La celebración es el oxígeno del Gran Potencial. Y si queremos mantener lo que hemos logrado, necesitamos seguir respirándolo. Necesitamos recordar que, sin importar el lugar que ocupemos, tenemos el poder de crear cambios dignos de celebrar. Cuanto más celebramos, más enriquecemos nuestras vidas con significado. Y cuanto más significado tiene nuestra vida, más cosas hay para celebrar. De esta manera, hemos creado, y ahora mantenido, otro círculo virtuoso.

CONCLUSIÓN
Todos los niños están bien

La armonía oculta es mejor que la obvia.
HERÁCLITO DE ÉFESO, 500 a. C.

Cuando los guerreros masái de Kenia, algunos de los luchadores más feroces e inteligentes de la historia, se saludan, no preguntan «¿Cómo estás?», como hacemos en las culturas occidentales. Preguntan «¿Cómo están los niños?». La respuesta correcta, incluso para quienes no tienen hijos, es «Todos los niños están bien».[53] Esto se debe a que, según su guion social, las cosas no pueden ser completamente buenas para un individuo a menos que todos en la comunidad prosperen. La ciencia de este libro demuestra que tienen razón. No podemos preocuparnos sólo por lo que nos conviene, sino que debemos preocuparnos por si todos a nuestro alrededor prosperan.

Comencé mi carrera en la Harvard Divinity School estudiando ética cristiana y budista. Me fascinaba aprender cómo nuestros sistemas de creencias influyen en nuestras acciones. Al estudiar diversas tradiciones religiosas, me quedó claro que, a pesar de sus diferencias, todas lidiaban con preguntas similares: ¿por qué el egoísmo se interpone en el camino del amor?; ¿cómo encontramos alegría después de una pérdida o una tragedia?; ¿cuál es el sentido de la vida? Esas preguntas existenciales que teólogos, filósofos y eruditos se plantearon hace tres mil

---

53. Escuché esto por primera vez en una entrevista con Michelle Obama. La declaración la hizo el entrevistador Steve Pemberton. Consultado en: www.worldcat.org/title/masai-of-africa/oclc/45890326

años son exactamente las mismas que aún intentamos responder hoy. En cierto sentido, resulta frustrante. ¿De verdad hemos avanzado tan poco en la búsqueda de respuestas a estos enigmas?

Veo una frustración similar en el mundo moderno, tanto a nivel empresarial como educativo e individual. He conocido a muchos ejecutivos frustrados porque se esforzaron durante años para aumentar el compromiso en su empresa, sólo para ver cómo luego éste se desplomaba. He hablado con muchas personas frustradas porque se agotan intentando bajar a cuatro minutos y medio su tiempo en correr un kilómetro, sólo para descubrir que, unos meses después, vuelven a correrlo en más de cinco minutos. Hay muchos líderes en hospitales y organizaciones sin fines de lucro frustrados porque sienten que todos los años deben tener las mismas conversaciones en las mismas conferencias sobre cómo superar el agotamiento y la fatiga de compasión. Hay muchos padres frustrados porque dedicaron todo su corazón a brindarles a sus hijos una infancia llena de amor, sólo para verse confundidos por la angustia que repentinamente los invade cuando sus hijos llegan a la adolescencia.

¿No existe una buena solución para crear un cambio real y duradero? ¿Estamos —como profesionales, como padres, como meditadores de los misterios del universo— destinados a seguir dando vueltas sin rumbo? No. Nuestra frustración nace tanto del deseo de algo mejor como de una incomprensión de la naturaleza fundamental del cambio.

Si algo me ha enseñado la última década de investigación, es que el cambio no es algo que ocurre una sola vez. No puedes ducharte una vez y esperar estar limpio el año que viene. No puedes hacer ejercicio hoy esperando no tener que hacerlo nunca más. En realidad, hacemos ejercicio hoy para poder mover nuestro cuerpo mañana. Siempre debemos estar alerta y reparar lo que se deteriora con el tiempo.

Cada individuo, cada cultura, cada empresa, cada tribu necesita no una solución única, sino una defensa continua y constante de lo positivo. El estrés y los desafíos son omnipresentes en la vida; por lo tanto, la mentalidad positiva, la conexión y la esperanza deben ser igualmente omnipresentes.

Por eso el cambio —al igual que el éxito, el potencial y la felicidad— no se puede perseguir en solitario. Porque el verdadero cambio, grande o pequeño, requiere el apoyo de personas que «lo entienden». Requiere resiliencia. Requiere liderazgo, sin importar el lugar que ocupemos. Y requiere un impulso colectivo. Nada de eso sería posible sin el Ecosistema del Potencial.

Sí, tú, por definición, eres la persona más importante de tu universo. Eres el centro alrededor del cual gira tu mundo. Lo que significa que, si el cambio es posible, debe empezar contigo. Pero no termina contigo. Al menos, no sólo contigo. Tienes que conectar con los demás.

Sólo entonces podremos asegurarnos de que «TODOS los niños están bien», y no sólo hoy, sino mañana también.

Si has dedicado tu vida a perseguir el Bajo Potencial, has estado viviendo, como dice Morfeo en *Matrix,* en un mundo que te ha sido impuesto. Pero ahora que has abierto los ojos al poder del Gran Potencial, espero que lo utilices para encontrar respuestas a tus propias preguntas apremiantes y para generar un cambio positivo y duradero en tu vida y en el mundo.

En esta búsqueda tan valiosa, noble y duradera, que la fuerza de *los demás* te acompañe.

ÍNDICE ANALÍTICO

ÍNDICE

Imagina que, antes de tu muerte, hubieras hecho todo lo que se te había dicho. Has trabajado siempre duro, has ahorrado dinero y has esperado con ilusión la independencia económica en el momento de la jubilación. Lo único que has malgastado a lo largo del camino ha sido… tu vida. *Morir con cero* nos presenta una nueva filosofía sorprendente y provocadora, además de una guía práctica sobre cómo sacar el máximo provecho a tu dinero y a tu vida.

Está pensado para quienes colocan las experiencias memorables para toda la vida muy por encima de la mera ganancia y acumulación de dinero para los llamados «años dorados». Con la lectura de este libro, descubrirás cómo maximizar los momentos memorables de toda tu vida con el «agrupamiento de experiencias», cómo convertir tus ingresos en memorias de valor incalculable, siguiendo tu «curva del patrimonio neto», y sabrás si debes invertir o retrasar una aventura importante basándote en tu «curva de gasto» y tu «curva de tasa de interés personal».

Empleando sus propias experiencias de la vida, además de las historias inspiradoras y los relatos admonitorios de otras personas, y recurriendo a conocimientos reveladores sobre el tiempo, el dinero y la felicidad procedentes del mundo de la psicología y el de las finanzas, Perkins te aporta argumentos oportunos, convincentes y a contracorriente a favor de vivir a lo grande.